JOSÉ MANUEL GIMÉNEZ AMAYA
JORGE MARTÍN MONTOYA CAMACHO
ELOY VILLANUEVA CRUZ
(EDITORES)

ALASDAIR MACINTYRE Y LA MODERNIDAD

EDICIONES UNIVERSIDAD DE NAVARRA, S.A.
PAMPLONA

Serie: Antropología y Ética

Cupón para la Biblioteca Virtual

Accede a la versión eBook de este título por solo **1,99 €**. Con la compra de este libro puedes utilizar el siguiente cupón para la lectura en *streaming** desde la Biblioteca Virtual. **Sigue estas instrucciones** para visualizar tu libro:

1. Dirígete a la web de la Biblioteca Virtual en **https://ebooks.eunsa.es**.

2. En la web ve a **Iniciar sesión** e introduce tu email y contraseña. Si no estás registrado, deberás completar el proceso en **Registrarse**.

3. Tras registrarte, accede a la página del libro o lee el QR de esta página. Bajo el precio podrás **insertar el código oculto en el siguiente cupón** para activar la promoción.

Despegue para visualizar

Acceso directo al eBook

Canjéalo en ebooks.eunsa.es

*Con acceso a internet desde cualquier navegador.

© 2026. José Manuel Giménez Amaya, Jorge Martín Montoya Camacho
y Eloy Villanueva Cruz (editores)
Ediciones Universidad de Navarra, S.A. (EUNSA)
Campus Universitario • Universidad de Navarra • 31009 Pamplona • España
+34 948 25 68 50 • www.eunsa.es • eunsa@eunsa.es

ISBN: 978-84-313-4109-1
DL NA 257-2026

ATENEO JOVELLANOS

Ilustración de cubierta:
Alasdair MacIntyre

Printed in Spain – Impreso en España por Podiprint

A Ricardo Yepes Stork
(1953-1996)

Índice

LISTA DE AUTORES POR ORDEN ALFABÉTICO 13

NOTA DE LOS EDITORES 15

PRESENTACIÓN 19
Francisco Santamaría

CAPÍTULO 1. VALORACIÓN DE LA MODERNIDAD EN ALASDAIR MACINTYRE 23
Hernando José Bello Rodríguez
José Manuel Giménez Amaya

1. Introducción 23
2. La trayectoria intelectual de Alasdair MacIntyre 26
    2.1. Primer contacto con el tomismo 27
    2.2. Influencia de Ayer y Sartre 27
    2.3. Encuentro con el marxismo 28
    2.4. Kant y el utilitarismo 29
    2.5. En busca de la coherencia 29
    2.6. Expresivismo o aristotelismo 30
    2.7. El aristotelismo de Alasdair MacIntyre 31
    2.8. Crítica al utilitarismo y al deontologismo (kantiano) 34
    2.9. Conversión al catolicismo 35
    2.10. El tomismo de MacIntyre 36
    2.11. En los márgenes de la filosofía moral contemporánea 38
3. Valoración ética de la modernidad en After Virtue 39
    3.1. La cultura del desacuerdo 40
    3.2. Ruptura del esquema moral clásico 41

3.3. El fracaso del proyecto ilustrado 41
3.4. El emotivismo como cultura dominante 42
3.5. Genealogía de la moral moderna 43
3.6. Necesidad de una ética de las virtudes 44
3.7. Narrativa, tradición y comunidad 45
3.8. Rechazo del individualismo moderno 46
3.9. El retorno de las comunidades virtuosas 46

4. Valoración ética de la modernidad en *Ethics in the conflicts of modernity* 47
4.1. Ética y racionalidad práctica 48
4.2. Las condiciones sociales de la agencia moral 49
4.3. Narrativa y unidad de vida 50
4.4. Bienes, deseos y aprendizaje moral 51
4.5. Las virtudes del reconocimiento de la dependencia 51
4.6. Crítica de la economía moderna 52
4.7. Instituciones, prácticas y corrupción moral 53
4.8. Tradición como marco de aprendizaje 54
4.9. Ejemplos narrativos y modelos de vida 55
4.10. La tarea ética hoy 55

5. Conclusiones 56

6. Bibliografía 60

Anexo: *Tablas analíticas sobre la obra de Alasdair MacIntyre hasta el año 2018* 63

CAPÍTULO 2. VULNERABILIDAD, DEPENDENCIA Y LA *JUSTA GENEROSIDAD*: RE-CUPERACIÓN DE LA VIDA VIRTUOSA EN LA MODERNIDAD SEGÚN ALASDAIR MACINTYRE 113

Jorge Martín Montoya Camacho

1. Introducción 113

2. La filosofía de Alasdair MacIntyre y la ética de la virtud aristotélica 117
2.1. La crítica al emotivismo en el marco de la interpretación aristotélica-tomista del deseo de felicidad 117
2.2. La vulnerabilidad, la dependencia y los fundamentos de su problemática con el emotivismo contemporáneo 121

3. Vulnerabilidad y dependencia en la vida humana 125
3.1. Una condición antropológica universal 125
3.2. El enfoque teleológico de la vulnerabilidad 127
3.3. La dependencia en la virtud moral como motor de la reciprocidad ética 129

4. La *justa generosidad*: convergencia de justicia, misericordia y amistad 131
    4.1. Definición y alcance del concepto 131
    4.2. La dimensión de la amistad en la concepción aristotélica de la vida moral 133
    4.3. Justicia y misericordia: la herencia de la tradición cristiana 135

5. Propuesta ética y social: hacia una sociedad que abrace la vulnerabilidad 137
    5.1. Una sociedad política basada en el reconocimiento de la vulnerabilidad 137
    5.2. El rol de la ética del cuidado en la transformación social 139

6. Conclusiones y reflexiones finales 143
    6.1. Síntesis de la propuesta ética centrada en la vulnerabilidad y en la *justa generosidad* 143
    6.2. Desafíos y perspectivas para el futuro 144

7. Bibliografía 146

CAPÍTULO 3. LA MODERNIDAD Y SUS CONFLICTOS. LA MODERNIDAD Y LA ÉTICA.
¿CONFLICTOS ÉTICOS DE LA MODERNIDAD? 149
Eloy Villanueva Cruz

1. Introducción: ¿por qué hablar de la modernidad y de la ética? 149

2. La modernidad 153

3. Los desacuerdos de la modernidad 157

4. Los conflictos de la modernidad y sus elementos 159
    4.1. El deseo como antecedente: el *expresivismo* 161
    4.2. La *Moralidad* 162
    4.3. El *orden dominante*: ¿quién escribe las normas? 166
    4.4. *Orden dominante* y relaciones socio económicas: un ejemplo de problema ético en la modernidad 168
    4.5. ¿Por qué lo anterior es un problema de la modernidad? ¿Por qué es un conflicto ético? 173

5. ¿Hay alternativa? 176

6. Una breve conclusión 180

7. Bibliografía 182

BIBLIOGRAFÍA GENERAL 185

AGRADECIMIENTOS 191

Lista de autores por orden alfabético

Hernando José Bello Rodríguez. Graduado en Filosofía y Periodismo por la Universidad de Navarra. Licenciado en Filosofía en la Universidad de Navarra con una tesina de investigación sobre Alasdair MacIntyre y la modernidad. Completó un estudio muy detallado de todas las publicaciones del autor británico hasta el año 2018 recogidas en el libro *Valoración ética de la modernidad según Alasdair MacIntyre* (Pamplona: EUNSA, 2018) del que es coautor y que reproducimos en este volumen.

ORCID: 0000-0001-9799-8521.

José Manuel Giménez Amaya. Médico, neurocientífico y catedrático de Anatomía y Embriología de la Universidad Autónoma de Madrid (2002-2010). Doctor en Filosofía (2011) y profesor ordinario de Ciencia, Razón y Fe de la Universidad de Navarra desde 2012. Director del grupo Ciencia, Razón y Fe (CRYF) de la Universidad de Navarra desde 2010 hasta 2016. Ha sido también profesor visitante en el Instituto Tecnológico de Massachusetts (Cambridge, Massachusetts, Estados Unidos), en la Universidad de Rochester (Rochester, Nueva York, Estados Unidos), en la Universidad de California en San Diego (San Diego, California, Estados Unidos), en la Universidad de Aarhus (Aarhus, Dinamarca) y en la Universidad de Heidelberg (Heidelberg, Alemania). Académico correspondiente de las Reales Academias Nacionales de Farmacia y Medicina. *Fellow* de la International Society for Science and Religion con sede en Cambridge (Reino Unido).

ORCID: 0000-0002-6977-3963.

Jorge Martín Montoya Camacho. Ingeniero industrial y doctor en Filosofía (2015). Imparte clases de Antropología filosófica, Ética e Historia de la filosofía contemporánea como profesor contratado doctor en la Universidad de Navarra. Ha sido profesor visitante en la Universidad Panamericana (Aguascalientes, México) e investigador invitado en la Universidad de Notre Dame (South Bend, Indiana, Estados Unidos), en la Universidad Católica de Lovaina (Lovaina la Nueva, Bélgica) y en la Universidad de Texas (Austin, Texas, Estados Unidos).

ORCID: 0000-0002-6924-7154.

Eloy Villanueva Cruz. Historiador, experto en gestión empresarial e investigador sobre Antropología y Ética en las facultades eclesiásticas de la Universidad de Navarra. Estudia la figura del filósofo anglosajón Alasdair MacIntyre y particularmente su filosofía de la religión. Junto a José Manuel Giménez Amaya, ha presentado, traducido y anotado el libro de uno de los principales discípulos de MacIntyre, el profesor norteamericano Arthur Madigan, que lleva el título *Éticas aristotélicas contemporáneas: Alasdair MacIntyre, Martha Nussbaum, Robert Spaemann* (Pamplona: EUNSA, 2025).

ORCID: 0009-0001-6625-6805.

Nota de los editores

En el último trimestre del año 2024, a través del doctor Francisco Santamaría, los editores de este volumen planteamos la posibilidad de hacer un curso sobre la figura de Alasdair MacIntyre y su relación con la modernidad. Propusimos hacerlo en dos sesiones monográficas en el Ateneo Jovellanos de Gijón. El proyecto fue aceptado y se realizó en los días 10 y 11 de abril de 2025.

Impartir este curso nos permitió tener una idea clara de algunos aspectos importantes de la relación entre la figura del conocido filósofo británico y el desarrollo ético de lo que él ha denominado como una modernidad avanzada. Y, además, nos propusimos dejar constancia escrita de este curso. Esto es lo que hacemos a continuación en el texto que ahora introducimos. Consta de tres capítulos que están basados en las conferencias que impartimos cada uno de los editores de este volumen a lo largo del curso mencionado. Cada capítulo lleva una bibliografía propia, pero hemos querido ofrecer también una bibliografía general de todas las referencias citadas al final de la obra.

En el curso de la preparación de todo este proyecto de edición, el 21 de mayo de 2025, se anunció el fallecimiento de Alasdair MacIntyre en los Estados Unidos. Este libro, por tanto, puede considerarse como uno de los primeros textos que se hacen en castellano sobre la filosofía moral de este autor tras su fallecimiento. Hemos querido dedicar el libro al profesor Ricardo Yepes Stork, de la Universidad de Navarra, fallecido prematuramente el 26 de diciembre de 1996 a los 43 años en un accidente de montaña. A él debemos una extraordinaria entrevista a Alasdair MacIntyre, publicada en la revista *Atlántida* en su segunda época, de la que Ricardo Yepes era director[1]. En esa entrevista, MacIntyre hace referencia a su peculiar itinerario intelectual que le llevó desde el marxismo al aristotelismo, y posteriormente al tomismo y a su conversión al catolicismo. Su reconocida obra *After Virtue: a study in moral theory (Tras la virtud)*[2] había levantado una considerable polémica en los Estados Unidos por la novedad de sus planteamientos, y había convertido a su autor en una de las voces más destacadas del nuevo aristotelismo norteamericano[3].

Como ha señalado el pensador norteamericano Stanley Hauerwas en una entrevista concedida a la revista *Christianity Today*[4], MacIntyre le había comentado que, para él, uno de los

---

1. Cfr. YEPES STORK, R., «Después de *Tras la virtud*: entrevista a Alasdair MacIntyre», *Atlántida*, 4 (1990), pp. 87-95 (traducción de José Luis del Barco).

2. *Vid.* MACINTYRE, A., *After Virtue: a study in moral theory*, Third edition, Notre Dame: Notre Dame University Press, 2007. Nótese que, aunque el libro fue publicado en 1981, hemos preferido citar la última edición de 2007 por la importancia que tiene el prólogo de esa edición que hizo el propio autor y en el que explica las vicisitudes de su obra después de veinticinco años. Existe una traducción al castellano de esta obra (que corresponde a la traducción de la primera versión del libro en inglés): *vid.* ÍDEM, *Tras la virtud*, Barcelona: Crítica, 1987.

3. *Vid.* MADIGAN, A., *S. J.*, *Éticas aristotélicas contemporáneas: Alasdair MacIntyre, Martha Nussbaum, Robert Spaemann*, Pamplona: EUNSA, 2025.

4. CROCKETT, C., «Q&A: Stanley Hauerwas on Alasdair MacIntyre», *Christianity Today*, June 3 2025 (*https://www.christianitytoday.com/2025/06/interview-stanley-hauerwas-on-alasdair-macintyre/*). También se pueden consultar los siguientes textos: *vid.* HAUERWAS, S., MACINTYRE, A. (eds.), *Revisions: chan-*

mayores logros de su trabajo intelectual había sido poner en diálogo a marxistas y tomistas, porque pensaba que eran deudores los dos del pensamiento aristotélico. MacIntyre pensaba que el entendimiento de Aristóteles del razonar práctico era de tal envergadura que muy pocas tradiciones morales podían superarlo. Para Hauerwas, uno de los desarrollos intelectuales más importantes del filósofo moral británico fue llegar a entender a Tomás de Aquino como más aristotélico que el propio Aristóteles. De alguna manera, MacIntyre ha conseguido vislumbrar que el Aquinate ha llevado a Aristóteles más allá del propio Aristóteles[5].

Como ha puesto de manifiesto el propio Hauerwas en el artículo citado anteriormente, otro de los rasgos definitorios del perfil intelectual de Alasdair MacIntyre fue la amplitud y apertura de su pensamiento: «MacIntyre era filósofo, y la vida de los filósofos exhibe las posibilidades culturales de cada momento. Pero hizo lo que muchos filósofos no hacen: leer libros que no son de filosofía. Hablé con él unas semanas antes de que muriera y le pregunté qué estaba leyendo. Dijo: "Dante". Quiero decir, ¿qué filósofos leen a Dante?»[6].

Este libro que presentamos ahora quiere ser también un modesto testimonio del agradecimiento personal de los editores al magisterio de Alasdair MacIntyre.

ging perspectives in moral philosophy, Notre Dame: University of Notre Dame Press, 1983; cfr. BELLO RODRÍGUEZ, H. J., GIMÉNEZ AMAYA, J. M., «Alasdair MacIntyre: introducción narrativa a su obra», *Scientia et Fides*, 6 (2018), pp. 189-206. *Vid.* también: ÍDEM, «Alasdair MacIntyre», en F. Fernández Labastida y J. A. Mercado (eds.), Philosophica: Enciclopedia filosófica *on line*, 2021 (https://www.philosophica.info/voces/macintyre/MacIntyre.html).

5. Cfr. MACINTYRE, A., *Dios, filosofía, universidades: historia selectiva de la tradición filosófica católica*, Granada: Nuevo Inicio, 2012, p. 143. *Vid.* BELLO RODRÍGUEZ, H. J., GIMÉNEZ AMAYA, J. M., *Valoración ética de la modernidad según Alasdair MacIntyre*, Pamplona: EUNSA, 2018.

6. CROCKETT, C., «Q&A: Stanley Hauerwas on Alasdair MacIntyre»…

Bibliografía

Bello Rodríguez, H. J., Giménez Amaya, J. M., «Alasdair MacIntyre: introducción narrativa a su obra», *Scientia et Fides*, 6 (2018), pp. 189–206.

—, *Valoración ética de la modernidad según Alasdair MacIntyre*, Pamplona: EUNSA, 2018.

—, «Alasdair MacIntyre», en F. Fernández Labastida y J. A. Mercado (eds.), Philosophica: Enciclopedia filosófica *on line*, 2021 (https://www.philosophica.info/voces/macintyre/MacIntyre.html).

Crockett, C., «Q&A: Stanley Hauerwas on Alasdair MacIntyre», *Christianity Today*, June 3 2025 (*https://www.christianitytoday.com/2025/06/interview-stanley-hauerwas-on-alasdair-macintyre/*).

Hauerwas, S., MacIntyre, A. (eds.), *Revisions: changing perspectives in moral philosophy*, Notre Dame: University of Notre Dame Press, 1983.

MacIntyre, A., *Tras la virtud*, Barcelona: Crítica, 1987.

—, *After Virtue: a study in moral theory*, Third edition, Notre Dame: Notre Dame University Press, 2007.

—, *Dios, filosofía, universidades: historia selectiva de la tradición filosófica católica*, Granada: Nuevo Inicio, 2012.

Madigan, A., S. J., *Éticas aristotélicas contemporáneas: Alasdair MacIntyre, Martha Nussbaum, Robert Spaemann*, Pamplona: EUNSA, 2025.

Yepes Stork, R., «Después de *Tras la virtud*: entrevista a Alasdair MacIntyre», *Atlántida*, 4 (1990), pp. 87–95 (traducción de José Luis del Barco).

Presentación

Francisco Santamaría

La vida humana se encuentra profundamente marcada por la contingencia, es decir, por el hecho de que las cosas que ocurren podrían, para bien o para mal, no haber sucedido. El libro que ahora introduzco tiene su origen en una feliz contingencia. Regresaba a casa atravesando el maravilloso campus de la Universidad de Navarra cuando me topé con mi querido amigo José Manuel Giménez Amaya, que se interesó por mi presencia en Pamplona, ya que no resido allí. Le hablé de mi investigación en aquel momento acerca de la discapacidad y, en concreto, acerca de la respuesta política que la sociedad da y debe dar a esta situación humana. Fue entonces cuando me habló del libro *Animales racionales y dependientes: por qué los seres humanos necesitamos las virtudes*, de Alasdair MacIntyre, cuya lectura, he de reconocer, no se encontraba entre mis planes. Dicha lectura acabó siendo decisiva para orientar mi publicación académica, ahondando en la radicalidad que para el ser humano representa su condición vulnerable.

Ello, unido al hecho de que el profesor Giménez Amaya aceptaba gustoso mis invitaciones a mantener encuentros de contenido científico-filosófico con un grupo de amigos asturianos, acabó dando forma al proyecto del que este libro es su materialización.

Surgió, en efecto, la posibilidad de celebrar unas jornadas acerca del pensamiento ético de MacIntyre y, en concreto, acerca de la crítica que este autor desarrolla a lo largo de su obra de las bases éticas de la modernidad. La crisis de valores, que con tanta frecuencia se menciona, no es ya una contingencia, sino más bien una consecuencia inevitable de una concepción filosófica que no hace justicia al ser humano. Asomarse a alguien como MacIntyre y a su empeño por dotar de sólido fundamento a la acción moral no carecía de aliciente. La oportunidad de estas jornadas resultaba todavía más notoria por tratarse de un autor con escaso eco en los círculos filosóficos españoles.

El Ateneo Jovellanos resultaba, por su parte, el marco idóneo para su celebración. Nacido bajo el impulso de Torcuato Fernández Miranda y de otras personalidades de la época, sensibles a la necesidad de que Gijón, que carecía de sedes universitarias, no se mantuviera al margen de las tendencias artísticas, culturales e intelectuales que se iban abriendo paso en España y fuera de sus fronteras, el Ateneo representa a día de hoy la entidad cultural con más arraigo y popularidad en la Villa de Jovellanos. Era lógico, por tanto, que, con su carácter acogedor hacia las propuestas culturales de calidad, el Ateneo Jovellanos resultara la opción más adecuada para celebrar las referidas jornadas. Así es como los días 10 y 11 de marzo de 2025 tuvo lugar en él el seminario «Aristóteles contra la modernidad. Discusión sobre la crítica de MacIntyre a la modernidad a partir de la ética aristotélica». Se trataba, probablemente, de uno de los eventos más significativos sobre MacIntyre en España ese año.

Los capítulos del libro siguen el orden cronológico con que se sucedieron las exposiciones de José Manuel Giménez Amaya, Jorge Martín Montoya y Eloy Villanueva Cruz. La primera de ellas comienza con una sintética y valiosa introducción a la figura del profesor británico y continúa con la cuestión clave de estas jornadas: la crítica de MacIntyre a la ética moderna. La exposición de dicha crítica se lleva a cabo con base en lo que nuestro autor defiende en *After Virtue* y en *Ethics in the conflicts of modernity*. MacIntyre reivindica la visión teleológica del ser humano, la recuperación de las virtudes y un bien común sólo alcanzable desde sociedades articuladas a pequeña escala como respuesta a la crisis ética moderna. Este trabajo incluye también unas muy útiles tablas analíticas sobre la manera en que MacIntyre elabora sus conceptos característicos a lo largo de su extensa producción filosófica. Ésta ha sido la aportación de Hernando José Bello Rodríguez y José Manuel Giménez Amaya.

La exposición del profesor Martín Montoya, por su parte, se centra en la vulnerabilidad del ser humano tal como la aborda el autor británico. Es desde su radical condición, a la par dependiente y racional, como el ser humano desarrolla las virtudes mediante las que alcanza su fin propio o *telos*. El ser humano desarrolla su racionalidad y sus virtudes merced al cuidado que le prestan los demás y al que también se siente impelido a practicar. Es en este horizonte donde emerge una sugestiva virtud, la *justa generosidad*, que articula simultáneamente las exigencias de la justicia y de la misericordia. La *justa generosidad* se erige, así, en el centro de una nueva vida virtuosa. Aceptar la vulnerabilidad común impulsa una transformación ética y cultural orientada a la reciprocidad, a la comunidad y al bien común.

Por su parte, Eloy Villanueva analiza la modernidad como un período aún vigente, más que como una etapa histórica cerrada. Sostiene que sus raíces filosóficas se remontan a Ockham y al problema de los universales, y que su desarrollo se caracteriza por una profunda transformación cultural, religiosa, política y científica. Siguiendo a MacIntyre, se describe la modernidad como una «cultura moral de desacuerdos interminables», marcada por tres rasgos: la «inconmensurabilidad entre sistemas de pensamiento», la «tensión entre razón y voluntad» (objetividad y subjetividad) y la «dependencia de los contextos históricos y culturales» de los conceptos morales. A esto se suman el «subjetivismo, el relativismo y el emotivismo», que impiden el acuerdo ético y fomentan el conflicto. En el ámbito práctico, explica Villanueva, MacIntyre contrapone al *expresivismo* moderno —centrado en la autonomía absoluta del deseo— el neoaristotelismo, que entiende el deseo como orientado naturalmente al bien. La moralidad moderna, basada en normas universales y en los derechos humanos, resulta insuficiente porque refuerza el subjetivismo y se aleja del bien común aristotélico. Leyendo el estudio de Villanueva, la conclusión parece apuntar sobre todo a la imposibilidad de que el *expresivismo* moderno dé cuenta de la forma, llamemos natural, en que el ser humano vive sus orientaciones morales básicas, enmarcadas siempre en la comunidad a la que pertenece y a partir de las cuales desarrolla sus virtudes morales.

Los sucesivos estudios que componen el libro que aquí se presenta tienen, sin duda, el mérito de abrirnos al pensamiento de un filósofo moral, Alasdair MacIntyre, que ha contribuido a repensar los límites que parecen convertir las éticas de la modernidad en una propuesta fallida.

Gijón, 1 de noviembre de 2025

Capítulo 1
Valoración de la modernidad en Alasdair MacIntyre[1]

Hernando José Bello Rodríguez
José Manuel Giménez Amaya

1. Introducción

La *Conférence Mondiale des Institutions Universitaires Catholiques de Philosophie* (COMIUCAP), en su sesión de octubre de 2011, abordó el papel de la filosofía en contextos católicos contemporáneos. El profesor Arthur Madigan, reconocido especialista en Alasdair MacIntyre, destacó que ningún filósofo católico valora de forma totalmente positiva o negativa la modernidad. Algunos adoptan posturas conciliadoras, como Charles Taylor; otros, más críticas, como Alasdair MacIntyre. Este último ha dedicado bue-

1. Los autores agradecen a la editorial EUNSA que haya permitido usar el material ya publicado en el año 2018 en nuestro libro: *vid.* BELLO RODRÍGUEZ, H. J., GIMÉNEZ AMAYA, J. M., *Valoración ética de la modernidad según Alasdair MacIntyre*, Pamplona: EUNSA, 2018. Muchos aspectos que se mencionan en este capítulo fueron investigados con detalle en aquella publicación, a la que remitimos al lector que quiera ampliar los contenidos que figuran en el presente texto que hemos hecho para el libro *Alasdair MacIntyre y la modernidad*. Un resumen de lo aquí tratado se presentó en el Ateneo Jovellanos de Gijón en abril de 2025. Los autores también agradecen al profesor Jorge Martín Montoya Camacho toda su ayuda en la revisión de este capítulo.

na parte de su obra filosófica a evaluar los fundamentos y consecuencias de la modernidad desde una perspectiva ética[2].

Este estudio tiene por objeto presentar de manera sintética la
visión que MacIntyre ofrece sobre la modernidad y la ética. Para
ello, se analizan dos de sus obras más representativas: *After Virtue:
a study in moral theory* (1981)[3] y *Ethics in the conflicts of modernity*
(2016)[4]. La primera constituye el punto de partida de su etapa de
madurez filosófica y marca su compromiso con un único proyecto
intelectual. La segunda representa una síntesis tardía de dicho proyecto y recoge las reflexiones más recientes del autor.

El trabajo se organiza en tres apartados. El primero describe la trayectoria intelectual de MacIntyre, no como una biografía
cronológica, sino como una reconstrucción de los problemas filosóficos que lo llevaron a adoptar el punto de vista aristotélico-

---

2. Cfr. MADIGAN, A., *S. J.*, «Catholic philosophers and present day
modernity», COMIUCAP session at the American Catholic Philosophical Association, St. Louis, Missouri, Friday 28 October 2011, (*https://ethics.
live/2023/04/13/textos-del-profesor-arthur-madigan-s-j-sobre-la-filosofia-practica-
moderna/*); ÍDEM, *Éticas aristotélicas contemporáneas: Alasdair MacIntyre, Martha
Nussbaum, Robert Spaemann*, Pamplona: EUNSA, 2025, pp. 41-94.

3. Citamos de acuerdo a la tercera edición de esta obra clásica de MacIntyre: *vid.* MACINTYRE, A., *After virtue: a study in moral theory*, Third edition,
Notre Dame: University of Notre Dame Press, 2007. Como indicábamos en la
nota de los editores, aunque el libro fue publicado en 1981, hemos preferido
citar la última edición de 2007 por la importancia que tiene el prólogo de esa
edición que hizo el propio autor y en el que explica las vicisitudes de su obra
después de veinticinco años. Existe una traducción al castellano de esta obra
(que corresponde a la traducción de la primera versión del libro en inglés): *vid.*
ÍDEM, *Tras la virtud*, Barcelona: Crítica, 1987.

4. *Vid.* MACINTYRE, A., *Ethics in conflicts of modernity: an essay on desire, practical reasoning, and narrative*, Cambridge: Cambridge University Press,
2016. Existe una traducción al castellano de esta obra de MacIntyre: *vid.* ÍDEM,
*Ética en los conflictos de la modernidad: sobre el deseo, el razonamiento práctico y
la narrativa*, Madrid: Rialp, 2025.

tomista. Este contexto permite comprender el origen de su crítica a la modernidad. El segundo examina el contenido de su obra más conocida, *After Virtue*[5], obra en la que MacIntyre diagnostica el estado fragmentado de la moral moderna y propone una alternativa basada en la tradición aristotélica de las virtudes. El tercero de los apartados afronta su última obra, *Ethics in the conflicts of modernity*, que amplía y profundiza su evaluación crítica de la cultura moderna —una modernidad avanzada, en muchos casos— desde un enfoque narrativo y teleológico (finalista). Las dos obras del filósofo moral británico citadas se complementan: la primera plantea el diagnóstico y la segunda lo actualiza y consolida[6].

MacIntyre entiende que la cultura moral de la Modernidad ha devenido en un terreno de desacuerdos racionalmente irresolubles. El fracaso de la Ilustración por justificar racionalmente la moral llevó, según él, a un emotivismo que oscurece el verdadero sentido de los juicios morales. Frente a ello, propone recuperar la noción de práctica, virtud y bien común como elementos indispensables para la formación del juicio moral. Esta recuperación no es meramente teórica, sino anclada en la vida práctica y en comunidades que sostienen tradiciones éticas vivas[7].

Finalmente, se ha incluido un anexo con tablas analíticas de la obra de MacIntyre ya publicadas originalmente en 2018[8], con

---

5. La citaremos de esta manera abreviada y en la lengua original en que fue escrita a largo de toda nuestra exposición.

6. *Vid.* BELLO RODRÍGUEZ, H. J., GIMÉNEZ AMAYA, J. M., *Valoración ética de la modernidad…*

7. *Vid.* GIMÉNEZ AMAYA, J. M., SÁNCHEZ-MIGALLÓN, S., *Diagnóstico de la universidad en Alasdair MacIntyre: génesis y desarrollo de un proyecto antropológico*, Pamplona: EUNSA, 2011; GIMÉNEZ AMAYA, J. M., *La universidad en el proyecto sapiencial de Alasdair MacIntyre*, Pamplona: EUNSA, 2020.

8. Cfr. BELLO RODRÍGUEZ, H. J., GIMÉNEZ AMAYA, J. M., *Valoración ética de la modernidad…*, pp. 203-256.

el fin de facilitar —aún más— el estudio sistemático de su pensamiento. Aunque este texto busca ofrecer una introducción ordenada a su valoración ética de la modernidad, se advierte —como señala Peter McMylor— que «la esencia de la obra de MacIntyre reside en el detalle de su argumentación»[9]. Por ello, este trabajo no pretende sustituir la lectura directa de sus escritos, sino servir como guía que ayude a comprender mejor sus tesis filosóficas fundamentales.

2. La trayectoria intelectual de Alasdair MacIntyre

Alasdair MacIntyre (1929-2025), nacido en Glasgow y fallecido en Estados Unidos, ha relatado en diversas entrevistas que no podría escribir una autobiografía completa, aunque ha compartido episodios clave de su vida intelectual. Con motivo de su 80.º aniversario, en 2009, pronunció la conferencia *On having survived the academic moral philosophy of the twentieth century*[10], donde delineó los rasgos centrales de su recorrido filosófico. Nos ha parecido útil tenerla como punto de referencia para nuestra exposición.

---

9. McMylor, P., *Alasdair MacIntyre: critic of modernity*, London & New York: Routledge, 1994, p. vii. Traducción al castellano de los autores de este capítulo.
10. Cfr. MacIntyre, A., «On having survived the academic moral philosophy of the twentieth century», en *What happened in and to moral philosophy in the twentieth century?: philosophical essays in honor of Alasdair MacIntyre*, F. O'Rourke (ed.), Notre Dame: Notre Dame University Press, 2013, pp. 17-34.

2.1. *Primer contacto con el tomismo*

MacIntyre confiesa con humor: «Tenía ya 55 años cuando descubrí que me había vuelto un aristotélico-tomista»[11]. Aunque *After Virtue* (1981) reflejaba ya una fuerte influencia aristotélica, el tomismo del filósofo británico se volvió explícito a partir de *Whose justice? Which rationality?*[12] (1988) y *Three rival versions of moral enquiry: encyclopedia, genealogy and tradition: being Gifford lectures delivered in the University of Edimburgh in 1988*[13] (1990). Su primer contacto con Tomás de Aquino ocurrió en el Queen Mary College de Londres (1945-1949), pero entonces lo rechazó por considerarlo insuficientemente justificado frente a los debates contemporáneos[14]. Como dejó constancia nuestro autor: «No importa qué tan fuerte era la argumentación a favor del tomismo, había inevitablemente una argumentación fuerte en contra de él»[15].

2.2. *Influencia de Ayer y Sartre*

Durante esos años, asistió a conferencias de A.J. Ayer y leyó a Jean-Paul Sartre, encontrando una coincidencia entre ellos. Según

11. *Ibid.*, p. 17. Traducción al castellano de los autores de este capítulo.

12. *Vid.* MacIntyre, A., *Whose justice? Which rationality?*, Notre Dame. Notre Dame University Press, 1988. Existe una traducción al castellano de esta obra de MacIntyre: *vid.* Ídem, *Justicia y racionalidad: conceptos y contextos*, Barcelona: EIUNSA, 1994.

13. *Vid.* Ídem, *Three rival versions of moral enquiry: encyclopedia, genealogy and tradition: being Gifford lectures delivered in the University of Edimburgh in 1988*, London: Duckworth, 1990. Existe una traducción al castellano de esta obra de MacIntyre: *vid.* Ídem, *Tres versiones rivales de la ética: enciclopedia, genealogía y tradición*, Madrid: Rialp, 2022.

14. *Vid.* D'Andrea, T. D., *Tradition, rationality, and virtue: the thought of Alasdair MacIntyre*, Abingdon: Routledge, 2017.

15. MacIntyre, A., «On Having Survived…», p. 19. Traducción al castellano de los autores de este capítulo.

MacIntyre los dos autores sostenían la misma tesis que se podía expresar así: «Lo que hace que una razón sea buena, o al menos suficiente, para que yo actúe depende de mi decisión de considerar esa razón como buena o suficiente»[16]. Para MacIntyre, esta visión resultaba incompatible con la concepción objetiva del bien en Tomás de Aquino.

2.3. Encuentro con el marxismo

El marxismo complicó su panorama intelectual. A los dieciocho años se unió al Partido Comunista británico, influido por la crítica marxista al capitalismo y que posteriormente lo identificará con el «liberalismo»[17]. Aunque abandonó este partido pronto, siguió valorando «la verdad y la relevancia política de la crítica de Marx al capitalismo y sus percepciones históricas»[18]. Según él, «el marxismo me convenció de la raíz ideológica del liberalismo, entendido como máscara mistificadora y auto-mistificadora de ciertos intereses sociales»[19]. Aun así, nunca adoptó plenamente el marxismo, pues pronto advirtió que compartía los mismos déficits morales que el liberalismo que criticaba.

---

16. *Ibid.* Traducción al castellano de los autores de este capítulo.
17. Cfr. GIMÉNEZ AMAYA, J. M., *La universidad en el proyecto sapiencial…*, pp. 29-31.
18. MACINTYRE, A., «On having survived…», p. 20. Traducción al castellano de los autores de este capítulo.
19. BORRADORI, G., *Conversaciones filosóficas: el nuevo pensamiento norteamericano*, Santafé de Bogotá: Editorial Norma, 1996, pp. 206-207.

2.4. *Kant y el utilitarismo*

MacIntyre entendió que la moral moderna oscilaba entre dos polos irreconciliables: el deber kantiano y el cálculo utilitarista[20]. Siguiendo sus propias palabras, la moral de la modernidad «es una moral cuyas oscilaciones y contradicciones muestran que está en un estado de desorden, pero un tipo de desorden que le permite funcionar bien como la ideología de nuestro presente orden social, político y económico»[21]. Esta constatación lo llevó a buscar un marco más coherente dado que su horizonte intelectual estaba lleno de preguntas. Por una parte, se encontraba con las cuestiones planteadas por el debate aparentemente interminable entre la ética kantiana y el utilitarismo, debate moral cuya naturaleza había descubierto gracias al marxismo. Por otra, era consciente del desacuerdo entre el tomismo y la postura de Sartre y Ayer. «Para progresar con cualquiera de estos conjuntos de cuestiones tuve que mirar en una dirección diferente»[22].

2.5. *En busca de la coherencia*

Inspirado por Platón y otros pensadores, comprendió que «cualquier contradicción, en medio del sistema de creencias de cada uno, es un verdadero desastre»[23]. Ya tras sus estudios de máster en Manchester (1949-1951), había escrito *The significance of moral judgments*[24], y había centrado de manera prominente el estudio de la ética. Sin embargo, reconocía que sus investigacio-

---

20. Cfr. Madigan, A., *S. J.*, *Éticas aristotélicas contemporáneas…*, pp. 41-94.
21. MacIntyre, A., «On Having Survived…», p. 21. Traducción al castellano de los autores de este capítulo.
22. *Ibid.*, p. 22. Traducción al castellano de los autores de este capítulo.
23. Borradori, G., *Conversaciones filosóficas…*, p. 203.
24. Cfr. D'Andrea, T. D., *Tradition, rationality, and virtue…*, p. xvii.

nes seguían siendo «heterogéneas, mal organizadas, algunas veces fragmentadas y con frecuencia frustrantes y confusas, de las que, no obstante, al final aprendí mucho»[25]. Con la publicación de *Against the self-images of the age* (1971)[26] cerró una etapa de confusión y emprendió una reconstrucción intelectual hacia una ética sistemática, inspirada en Aristóteles y, posteriormente, en Tomás de Aquino.

2.6. Expresivismo *o aristotelismo*

MacIntyre sostiene que el *expresivismo* —defendido por Ayer y Stevenson— describe adecuadamente el uso de los juicios morales en la cultura moderna, donde «los que hacen afirmaciones morales creen que están apelando a algún tipo de norma moral independiente […] aun cuando, de hecho, no exista. […] y, por consiguiente, se limitan exclusivamente a expresar sus propias experiencias y sentimientos de forma enmascarada»[27]. Sin embargo, este enfoque no capta la dimensión teleológica y objetiva del bien. Aristóteles, por su parte, explica que «bueno» se refiere siempre a la excelencia en una actividad, y la vida buena implica la realización de la naturaleza humana. «Las vidas que son significativamente defectuosas en cualquiera de estos respectos son juzgadas como peores, esto es, menos dignas de ser elegidas que las vidas que no (carecen de esos bienes). Estos bienes son bienes sin los que la excelencia en la actividad es a menudo imposible, y así la clave de nues-

---

25. KNIGHT, K *The MacIntyre Reader*, Notre Dame: University of Notre Dame Press, 1998, p. 268. Traducción al castellano de los autores de este capítulo.

26. *Vid.* MACINTYRE, A., *Against the self-images of the age: essays on ideology and philosophy*, Notre Dame: University of Notre Dame Press, 2018.

27. YEPES STORK, R., «Después de *Tras la virtud*: entrevista a Alasdair MacIntyre», *Atlántida*, 4 (1990), p. 90 (traducción de José Luis del Barco).

tros varios usos de "bueno" con respecto a ellos es una concepción de excelencia en la actividad de qué es vivir virtuosamente»[28].

2.7. El aristotelismo de Alasdair MacIntyre

Entre *expresivismo* y aristotelismo, MacIntyre se inclinó finalmente por el segundo. Su decisión no se debió a una mera simpatía, sino al reconocimiento de que solo en el nivel de la práctica es que podemos convertirnos en aristotélicos, y no en el de la teoría. Para MacIntyre es fundamental distinguir entre teoría y praxis. La primera corresponde al ámbito de la filosofía académica y tiene un papel secundario. Como indica nuestro autor la «filosofía puede a lo sumo ayudarnos a articular y clarificar teóricamente lo que previamente se ha aprendido en el ámbito de la práctica»[29]. La praxis, en cambio, se refiere a formas de actividad humana sistemática y cooperativa, con sus propios fines inmanentes y con un modo peculiar de entender los bienes que con ellos se alcanzan. De ahí que la teoría moral se subordine a la práctica.

Es a través de estas prácticas —científicas, artísticas, técnicas— donde se aprende a distinguir entre deseos personales y lo que es bueno desear. En ellas se descubre (1) «cuáles son los estándares de excelencia en cada tipo de actividad»[30] y (2) «cómo nuestros deseos y sentimientos deben ser disciplinados y transformados, y nuestras elecciones guiadas, por esos estándares de excelencia si es que queremos alcanzar tal excelencia y a través de ella los bienes internos a cada tipo de práctica»[31]. El mero deseo no constituye una buena razón para satisfacerlo si contradice dichos estándares.

---

28. MacIntyre, A., «On having survived…», p. 26. Traducción al castellano de los autores de este capítulo.
29. Yepes Stork, R., «Después de *Tras la virtud*…», p. 93.
30. *Ibid.*, p. 89.
31. *Ibid.*

De este modo, MacIntyre concluye que, cuando los deseos no se transforman según esos criterios, los usos de «bueno» coinciden con la descripción *expresivista*. En cambio, si se transforman, se emplea «bueno» como lo entiende Aristóteles. Así, ambas explicaciones no versan sobre lo mismo, sino que reflejan culturas morales distintas: la aristotélica, de carácter «objetivista» y orientada a criterios independientes del deseo; y la *expresivista*, propia de la modernidad avanzada, marcada por la mezcla entre juicios como expresión de sentimientos y, a la vez, de criterios impersonales (deontológicos o utilitaristas)[32].

En este contexto, la modernidad ignora la praxis en sentido aristotélico, lo que hace imposible una síntesis coherente entre Aristóteles y el liberalismo moderno. De hecho, MacIntyre ha insistido mucho en que una ética aristotélica de las virtudes solo puede ser vivida en un cierto tipo de contexto social, un contexto en el que las prácticas puedan florecer, pero de ninguna manera de forma fácil en las naciones donde habita una modernidad avanzada[33].

De una comprensión basada en la práctica de los bienes, las virtudes y las reglas se derivan dos aspectos fundamentales[34]. (1) Solo desde una perspectiva comunitaria es posible jerarquizar la diversidad de bienes. La pregunta adecuada es «¿qué lugar debe-

---

32. Cfr. Bello Rodríguez, H. J., Giménez Amaya, J. M., *Valoración ética de la modernidad...*, pp. 50-59.

33. Cfr. Madigan, A., S. J., «Alasdair MacIntyre: reflections on a philosophical identity, suggestions for a philosophical project», en *What happened in and to moral philosophy in the twentieth century?: philosophical essays in honor of Alasdair MacIntyre*, F. O'Rourke (ed.), University of Notre Dame Press, Notre Dame 2013, pp. 122-144. *Vid.* Idem, *Éticas aristotélicas contemporáneas...*, pp. 41-94.

34. Cfr. Bello Rodríguez, H. J., Giménez Amaya, J. M., *Valoración ética de la modernidad...*, pp. 54-56.

ríamos nosotros darle a cada tipo de bien en nuestras vidas?»[35] y solo puede responderse en comunidad, en la compañía de otros en los que se confía, pero que a la vez son críticos. Ello permite poner a prueba el razonamiento práctico y orientarse hacia bienes comunes que hacen posible alcanzar los bienes individuales. (2) Se necesita una disciplina de aprendizaje para asignar a cada bien su lugar en la vida. En este proceso se descubren dos cosas: que las inclinaciones deben corregirse y que los juicios se ordenan hacia un bien final que no es remoto, sino presente: un fin al que «aquí y ahora» se orientan nuestras acciones.

De aquí se comprende la necesidad de las virtudes, «hábitos de sentir, pensar, elegir y actuar»[36] sin los cuales no se puede alcanzar ese fin ni llegar a ser agentes racionales. Aristóteles resulta convincente solo gracias al «reconocimiento en el nivel de la práctica de que necesitamos de las virtudes» y a «la experiencia práctica de cómo el ejercicio de las virtudes propicia el logro de bienes»[37]. En consecuencia, la «estructura moral de la praxis sólo se comprende adecuadamente en términos aristotélicos. [...] La praxis restablece, pues, los modos aristotélicos de pensamiento y acción, incluso en los contextos sociales cuyas doctrinas dominantes son hostiles al aristotelismo, como los de la sociedad contemporánea»[38].

Así, más que una ética de la virtud, la filosofía de MacIntyre puede describirse como un «realismo [ético] práctico». Su aristotelismo implica tres principios[39]. (1) Explica por qué la filosofía

35. MacIntyre, A., «On having survived…», p. 28. Traducción al castellano de los autores de este capítulo.
36. *Ibid.*, p. 29. Traducción al castellano de los autores de este capítulo.
37. *Ibid.* Traducción al castellano de los autores de este capítulo.
38. Yepes Stork, R., «Después de *Tras la virtud…*», p. 89.
39. Cfr. Bello Rodríguez, H. J., Giménez Amaya, J. M., *Valoración ética de la modernidad…*, pp. 58-59.

moral contemporánea tiene un debate interminable: «La pérdida generalizada de una comprensión práctica compartida de la estructura teleológica de la naturaleza y la actividad humana en el umbral del mundo moderno [...] fue resultado de una pérdida anterior de un modo compartido de vida práctica»[40]. Al disociarse los conceptos morales de su contexto social, se reducen a meras opiniones. (2) Ayuda a los individuos en prácticas sociales a dar sentido a «características de las narrativas de sus propias vidas y de las vidas de los demás que, de otra manera, permanecerían opacas, confusas, disfrazadas o trivializadas»[41]. Aristóteles permite comprender la plenitud o el fracaso de una vida. (3) Ofrece razones para criticar incluso al propio Aristóteles: «llevamos a Aristóteles más allá de Aristóteles y haciéndolo podemos encontrar —como yo [MacIntyre] lo hice— que nuestro aristotelismo tenía que convertirse en el de Tomás de Aquino»[42].

2.8. Crítica al utilitarismo y al deontologismo (kantiano)

Situado ahora en su perspectiva aristotélica que ha intentado fundar bien, piensa que el utilitarismo es inaceptable porque desconoce el «nosotros» de las prácticas y los compromisos incondicionales[43]. Para nuestro autor, esos compromisos incondicionales desempeñan un papel crucial en la vida humana, dado que permiten aceptar responsabilidades independientemente de las consecuencias para asumirlas y no son compatibles «con el cálculo

---

40. MacIntyre, A., «On having survived...», p. 30. Traducción al castellano de los autores de este capítulo.

41. *Ibid.* Traducción al castellano de los autores de este capítulo.

42. *Ibid.* Traducción al castellano de los autores de este capítulo.

43. Cfr. Bello Rodríguez, H. J., Giménez Amaya, J. M., *Valoración ética de la modernidad...*, pp. 59-62.

utilitario del balance general esperado de consecuencias buenas sobre malas»[44].

Por otra parte, el deontologismo kantiano, reduce la moral a una obediencia formal, olvidando la formación gradual del carácter y del aprendizaje de las virtudes. MacIntyre no entiende «cómo podríamos estar motivados a actuar como deberíamos por algo que no fueran nuestros deseos»[45]. Por ello, para el pensador británico, «el trabajo duro de la moral consiste en la *transformación* de nuestros deseos, de tal manera que aspiremos al bien y respetemos los preceptos de la ley natural»[46].

2.9. *Conversión al catolicismo*

Su adhesión al aristotelismo llevó a nuestro autor a «descartar los presupuestos filosóficos que habían estado en la raíz de mis dificultades para con una ortodoxia cristiana sustantiva. Y la remoción de esas barreras fue un paso necesario, si bien sólo uno, hacia mi reconocimiento de la verdad del cristianismo bíblico de la Iglesia católica»[47]. Aunque había sido bautizado presbiteriano, su formación inicial no había seguido ninguna confesión cristiana en particular (quizá con una leve inclinación por el anglicanismo)[48], su aproximación a la reflexión filosófica sobre la religión fue a

---

44. VOORHOEVE, A., «Alasdair MacIntyre: the illusion of self-sufficiency» en VOORHOEVE, A., *Conversations on ethics*, Oxford: Oxford University Press, 2009, p. 116. Se trata de una entrevista que Alasdair MacIntyre tuvo con Alex Voorhoeve en septiembre de 2006. Traducción al castellano de los autores de este capítulo.
45. *Ibid.*, pp. 116-117. Traducción al castellano de los autores de este capítulo.
46. *Ibid.* Traducción al castellano de los autores de este capítulo.
47. MACINTYRE, A., *Marxismo y cristianismo*, Granada: Nuevo Inicio, 2007, p. 27.
48. Cfr. D'ANDREA, T. D., *Tradition, rationality, and virtue...*, p. xvi.

través de Wittgenstein y Barth[49]. Sucedió entonces que, rechazando a esos pensadores —o, más bien, lo que él comprendía sobre ellos—, rechazó también el cristianismo: «Cuando llegué a rechazar la extraña combinación filosófica de un Wittgenstein mal comprendido y de un Barth demasiado a la letra, rechacé erróneamente también la religión cristiana»[50].

Fue gracias a Aristóteles que MacIntyre se reconcilió con el cristianismo, y más concretamente con la Iglesia católica: «Me encontré capacitado para reaccionar positivamente ante la enseñanza de la Iglesia justamente en función del hecho de haber aprendido, del aristotelismo, tanto la naturaleza de los errores implícitos en mi rechazo juvenil de la cristiandad, como a interpretar la relación entre una argumentación filosófica y la indagación teológica»[51].

Ahora, si Aristóteles le ayudó a ver dónde estaban sus desaciertos, se podría decir que, en Tomás de Aquino, MacIntyre encontró la manera de acertar a la hora de articular fe y razón. Puesto que el pensamiento aristotélico suponía ciertas limitaciones en este tema, MacIntyre identificó que la filosofía y teología del Aquinate lograban trascender tales obstáculos[52].

2.10. El tomismo de MacIntyre

Ser tomista significa para MacIntyre «llevar a Aristóteles más allá de Aristóteles»[53]. Eso es lo que intenta el filósofo anglosajón y

---

49. Cfr. *Ibid.*, p. 163.
50. Borradori, G., *Conversaciones filosóficas…*, p. 205.
51. *Ibid.*, p. 218.
52. Cfr. MacIntyre, A., *Dios, filosofía, universidades: historia selectiva de la tradición filosófica católica*, Granada: Nuevo Inicio, 2012, p. 143.
53. Bello Rodríguez, H. J., Giménez Amaya, J. M., *Valoración ética de la modernidad…*, p. 66.

es por ello que ha desembocado en el tomismo: «Ser tomista [...] es siempre ser aristotélico, pero es también ir más allá de Aristóteles, exactamente como hizo Tomás»[54]. Aun así, algunos críticos han discutido la compatibilidad de MacIntyre con el Aquinate. El profesor Christopher Lutz defiende el tomismo del filósofo moral británico en tres aspectos concretos[55]. En primer lugar, hay quien dice que MacIntyre no es un auténtico tomista porque no tiene en cuenta la metafísica de la verdad del Aquinate: tendría que aceptar que existen afirmaciones filosóficas universales e incontestables. No obstante, MacIntyre argumenta que esta es una lectura epistemológica post-cartesiana y post-kantiana de Tomás de Aquino, que no obedece a la esencia de su obra filosófica. Según lo entiende nuestro autor, «la explicación de la verdad de Tomás no permite que ninguna teoría humana sea más que la mejor teoría hasta ahora»[56].

En segundo lugar, algunos piensan que el rechazo de MacIntyre a lo que él llama la *biología metafísica* de Aristóteles implica un rechazo a la metafísica aristotélico-tomista y hace de la teleología algo puramente convencional, no real[57]. El propio MacIntyre, aun sosteniendo que es correcto rechazar la mayor parte de esa biología, reconoce que no era del todo adecuado su intento de fundamentar el bien humano solo en términos sociales y no metafísicos. Pero esto lo aprendió y corrigió, precisamente, a partir de la lectura del Aquinate[58].

54. MacIntyre, A., *Dios, filosofía, universidades...*, p. 143.
55. Cfr. Lutz, C., *Tradition in the ethics of Alasdair MacInytre: relativism, thomism, and philosophy*, Lexington Books, Lanham 2004, pp. 114-196. *Vid.* Ídem, *Reading Alasdair MacIntyre's After Virtue*, London: Continuum, 2012.
56. Lutz, C., *Tradition in the ethics of Alasdair MacInytre...*, p. 200. Traducción al castellano de los autores de este capítulo.
57. Cfr. *Ibid.*, pp. 200-201.
58. Cfr. MacIntyre, A., *After Virtue...*, p. xi.

En tercer lugar, puesto que MacIntyre no reconoce que la ley natural es evidente para todos, parece que entra en contradicción con Tomás de Aquino, para quien «cada precepto moral de la Ley Antigua era evidente por y en sí mismo»[59]. Sin embargo, matiza Lutz, el Aquinate también mantenía que muchos de esos preceptos solo eran evidentes para los sabios y que incluso algunos de los preceptos en apariencia más evidentes podían verse oscurecidos por la cultura o el pecado. No existe, así pues, una confrontación directa entre la postura de MacIntyre y la del Aquinate.

Finalmente, otros aspectos donde MacIntyre reconoce la influencia de Tomás de Aquino y de los tomistas en su pensamiento se aprecian en su obra *Dependent rational animals: why human beings need the virtues*[60]. En esta obra, nuestro autor manifiesta la importancia moral de la «animalidad» de los seres humanos y consigue ofrecer una mejor explicación del contenido de las virtudes, al descubrir lo que él llama las «virtudes del reconocimiento de la dependencia»[61].

2.11. En los márgenes de la filosofía moral contemporánea

Para MacIntyre, hacer un balance sobre los logros y los fracasos de la filosofía moral académica del siglo XX, «se necesita entenderla tanto desde dentro como desde una postura que sea a la vez externa y radicalmente crítica»[62]. Y esta es la posición que él

---

59. Lutz, C., *Tradition in the ethics of Alasdair MacIntyre*, p. 201. Traducción al castellano de los autores de este capítulo.

60. *Vid.* MacIntyre, A., *Dependent rational animals: why human beings need the virtues*, Chicago: Open Court, 1999. Existe una traducción al castellano de esta obra de MacIntyre: *vid.* Ídem, *Animales racionales y dependientes: por qué los seres humanos necesitamos las virtudes*, Barcelona: Paidós, 2001.

61. Cfr. MacIntyre, A., *Animales racionales y dependientes...*, pp. 23-24; MacIntyre, A., *After Virtue...*, p. xi.

62. Ídem, «On having survived...», p. 34. Traducción al castellano de los autores de este capítulo.

trata de ofrecer. Desde dentro, nuestro autor mantiene un diálogo continuo con la filosofía moral *expresivista*; también, desde los presupuestos modernos, rescata los elementos de la crítica marxista al orden liberal y capitalista contemporáneo. Y, desde fuera, adopta la visión de la tradición aristotélico-tomista, que le permite captar las insuficiencias de la modernidad y a la vez sugerir la manera de no sucumbir ante ellas. MacIntyre sostiene que la filosofía moral académica está separada de la vida práctica. «El estudio de la filosofía moral se había divorciado del estudio de la moral o, más bien, de las morales, y así se ha distanciado a sí misma de la práctica»[63]. Por ello, recomienda habitar los márgenes intelectuales y políticos para entender mejor la realidad moral que interpreta la modernidad avanzada: «Es una condición necesaria para ser capaz de ver las cosas como son»[64]. Desde esta posición crítica, su filosofía busca articular una alternativa al liberalismo moderno, uniendo la tradición aristotélica-tomista con una lectura realista de la historia.

3. Valoración ética de la modernidad en *After Virtue*

Como es conocido su gran obra *After Virtue* publicada originalmente en 1981 marca el inicio de la etapa madura del pensamiento de Alasdair MacIntyre. Tras un largo periodo de investigaciones que él mismo definió como heterogéneas, mal organizadas y confusas, esta obra representa su compromiso con un proyecto filosófico unificado[65]. En su tercera edición de 2007, el autor reafirma la validez de su diagnóstico original: la cultura moral de

---

63. *Ibid.*, p. 31. Traducción al castellano de los autores de este capítulo.
64. *Ibid.*, p. 33. Traducción al castellano de los autores de este capítulo.
65. Cfr. KNIGHT, K., *The MacIntyre reader*, p. 268. *Vid.* GIMÉNEZ AMAYA, J. M., *La universidad en el proyecto sapiencial...*

la modernidad sigue caracterizada por «desacuerdos morales [...] sin resolver y aparentemente irresolubles»[66]. Repasemos los puntos clave que remarca el filósofo moral británico.

3.1. La cultura del desacuerdo

MacIntyre identifica tres rasgos que definen los debates morales contemporáneos[67]. En primer lugar, la «inconmensurabilidad conceptual» entre posturas rivales: los argumentos morales, aunque válidos en su lógica interna, se basan en premisas irreductibles entre sí. De esta manera, invocar «[...] una premisa contra otra sería un asunto de pura afirmación y "contra-afirmación"»[68].

En segundo lugar, la apariencia de objetividad: los juicios morales modernos se presentan «como si fueran argumentaciones racionales e impersonales»[69], aunque están en realidad guiados por voluntades subjetivas. Finalmente, la diversidad histórica de las categorías morales empleadas, derivadas de tradiciones distintas y desconectadas de sus contextos originales.

Esta situación genera una «retórica pluralista» que oculta los verdaderos conflictos: «No es solo que convivamos con diversos y múltiples conceptos fragmentados, sino que estos se usan al mismo tiempo para expresar ideales sociales y políticas rivales e incompatibles *y* para proveernos de una retórica política pluralista, cuya función consiste en ocultar la profundidad de nuestros conflictos»[70].

---

66. MacIntyre, A., *After Virtue...*, p. ix. Traducción al castellano de los autores de este capítulo.
67. Cfr. Bello Rodríguez, H. J., Giménez Amaya, J. M., *Valoración ética de la modernidad...*, pp. 76-79.
68. MacIntyre, A., *Tras la virtud...*, p. 22.
69. *Ibid.*
70. *Ibid.*, p. 310.

3.2. *Ruptura del esquema moral clásico*

MacIntyre sostiene que estos conflictos tienen su origen en la ruptura del esquema moral clásico, que integraba elementos aristotélicos y teístas. Aristóteles concebía la vida humana como un tránsito desde una naturaleza ineducada hasta una realización teleológica, guiada por las virtudes y la razón práctica. Tomás de Aquino añadió a esta estructura el carácter de ley divina, enriqueciendo el catálogo de virtudes y desplazando el fin o *telos* al más allá.

Este esquema se vio fragmentado por el protestantismo, el jansenismo y las formas secularizadas de la modernidad temprana, que negaban la capacidad de la razón para conocer el fin último del ser humano. Posteriormente, tanto el marco teológico como la teología racional fueron descartados. Así, la modernidad en su avance histórico hereda una imagen del ser humano sin *telos*, junto con normas morales desvinculadas de su justificación original.

El resultado fue una combinación incoherente: «una concepción de una naturaleza humana ineducada tal-como-es» y «un conjunto de mandatos privados de su contexto teleológico»[71]. Esta disociación abrió paso a intentos fallidos de fundamentación de la moral durante la Ilustración.

3.3. *El fracaso del proyecto ilustrado*

Según nuestro autor, la Ilustración se propuso reconstruir la justificación de la moral sin recurrir a la teleología clásica ni a la teología. Autores como Hume, Kant, Diderot o Bentham intentaron derivar normas morales de la razón, la utilidad o el sentimiento. Sin embargo, sus propuestas resultaron inconsistentes.

---

71. Cfr. Bello Rodríguez, H. J., Giménez Amaya, J. M., *Valoración ética de la modernidad...*, pp. 87-88.

En definitiva, no se puede reconstruir el concepto moral de obligación si se ha destruido el concepto de finalidad humana. Al eliminar el *telos*, las normas se convierten en mandatos arbitrarios. MacIntyre señala que el fracaso de la Ilustración se evidencia en la imposibilidad de justificar racionalmente los preceptos morales. Así, se impone progresivamente una ética emotivista: los juicios morales no se fundan en verdades objetivas, sino que expresan preferencias (sentimientos) individuales.

El resultado de este proceso fue el surgimiento de «caricaturas morales»: figuras como el burócrata, el esteta y el terapeuta, que encarnan formas de racionalidad separadas del bien común. Estos personajes se presentan como neutrales, pero ocultan —encubren— una fragmentación ética de fondo[72].

3.4. El emotivismo como cultura dominante

MacIntyre utiliza el término «emotivismo» en un sentido más amplio que el que hicieron Ayer o Stevenson: no se trata solo de una teoría metaética, sino de una verdadera descripción de la cultura moral contemporánea. En ella, los juicios morales se reducen a expresiones de deseo, mientras que el lenguaje moral conserva su apariencia de objetividad.

Para nuestro autor la cultura emotivista «es aquella en la que los que hacen afirmaciones morales creen que están apelando a algún tipo de norma moral independiente de sus propias preferencias y sentimientos, aun cuando, de hecho, no exista el tipo concreto de norma moral al que están apelando y, por consiguiente, se limitan exclusivamente a expresar sus propias experiencias y sentimientos de forma enmascarada»[73].

---

72. Cfr. *Ibid.*, pp. 120-126.
73. Yepes Stork, R., «Después de *Tras la virtud...*», p. 90.

Esto da lugar a una moral vacía de contenido racional común, lo que permite la manipulación por parte de los más elocuentes o poderosos. Su objetivo es mostrar cómo esta situación deriva de una pérdida histórica: la modernidad no es solo pluralismo, sino fragmentación[74].

3.5. Genealogía de la moral moderna

MacIntyre reconstruye la historia moral moderna desde la desintegración del esquema clásico hasta el presente. En su visión, se pasa de un modelo coherente (aristotélico-tomista) a una serie de sustitutos fallidos: primero, los intentos ilustrados; luego, el utilitarismo y el kantismo; finalmente, el emotivismo.

Esta genealogía revela una progresiva separación entre las normas y los fines, entre la razón y la práctica. Para MacIntyre, en ausencia de un *telos*, lo que entendemos por virtudes ya no pueden ser comprendidas como aquellas cualidades que permiten al ser humano alcanzar su fin. Por tanto, la virtud se vuelve una noción incoherente, y la ética, un campo de batalla sin reglas compartidas[75].

En esta historia, MacIntyre critica también la falsa neutralidad del liberalismo moderno, que se presenta como un marco imparcial de convivencia pero que en realidad impone un conjunto específico de valores. La fragmentación moral no es solo teórica: afecta la vida social, la política y las instituciones[76].

---

74. Cfr. Bello Rodríguez, H. J., Giménez Amaya, J. M., *Valoración ética de la modernidad...*, pp. 112-116.
75. Cfr. Giménez Amaya, J. M., *La universidad en el proyecto sapiencial...*, pp. 70-101.
76. Cfr. Bello Rodríguez, H. J., Giménez Amaya, J. M., *Valoración ética de la modernidad...*, p. 142.

3.6. *Necesidad de una ética de las virtudes*

Frente a este panorama, MacIntyre propone una recuperación del pensamiento aristotélico, adaptado a las condiciones contemporáneas. Esto implica asumir que la moral debe estar integrada en prácticas sociales vivas, con bienes internos y estándares de excelencia. Para nuestro autor, lo que él denomina como «prácticas» son formas de actividad humana coherente y cooperativa mediante las cuales los bienes internos a dicha actividad son realizados en el curso de intentar alcanzar los estándares de excelencia propios de esa forma[77].

«La virtud es una cualidad humana adquirida, cuya posesión y ejercicio tiende a hacernos capaces de lograr aquellos bienes que son internos a las prácticas y cuya carencia nos impide efectivamente el lograr cualquiera de tales bienes»[78]. Solo dentro de este marco es posible comprender el sentido de las virtudes y su conexión con la vida buena.

Para el filósofo británico solo a través de las prácticas —ya sean actividades artísticas, científicas, técnicas, etc.— se aprende a distinguir entre los deseos personales de uno y lo que es bueno desear, puesto que en tales prácticas se captan (1) «cuáles son los estándares de excelencia en cada tipo de actividad»[79] y (2) «cómo nuestros deseos y sentimientos deben ser disciplinados y transformados, y nuestras elecciones guiadas, por esos estándares de excelencia si es que queremos alcanzar tal excelencia y a través de ella los bienes internos a cada tipo de práctica»[80].

---

77. Cfr. GIMÉNEZ AMAYA, J. M., *La universidad en el proyecto sapiencial...*, pp. 90-91.

78. MACINTYRE, A., *Tras la virtud...*, p. 237. La cursiva es del propio autor.

79. ÍDEM, «On having survived...», p. 27. Traducción al castellano de los autores de este capítulo.

80. *Ibid.*

Hemos visto que MacIntyre reinterpreta la noción de virtud como aquello que capacita a una persona para lograr los bienes internos de una práctica. Esto requiere no solo competencia técnica, sino también integridad, justicia y constancia. Las virtudes son necesarias para sostener prácticas complejas y para preservar los bienes comunes que ellas generan[81].

3.7. Narrativa, tradición y comunidad

Para recuperar el sentido de las virtudes, no basta con reconstruir teorías abstractas. Es necesario integrar la ética en la narración vital de los agentes, de las personas. De esta manera, la unidad de una vida humana es en MacIntyre concebida narrativamente, es el *telos* de esa vida. Cada persona vive su vida como una historia en busca de sentido, donde las acciones se encadenan dentro de un marco de fines compartidos[82].

Este enfoque narrativo se apoya en el concepto de tradición. Las prácticas no existen en el vacío: son sostenidas por comunidades que transmiten conocimientos, interpretaciones y virtudes. Nuestro autor señalará que una tradición viva es un argumento extendido en el tiempo. Las tradiciones proporcionan continuidad, pero también apertura a la crítica y la mejora[83].

En suma, la ética de MacIntyre no es una nostalgia de comunidades cerradas, sino una propuesta para reconstruir formas de vida racionalmente evaluables. Esto exige abandonar el ideal ilustrado de autonomía individual sin historia ni contexto[84].

---

81. Cfr. Giménez Amaya, J. M., *La universidad en el proyecto sapiencial...*, p. 92.
82. Cfr. Giménez Amaya, J. M., Sánchez-Migallón, S., *Diagnóstico de la universidad...*, pp. 93-100.
83. Cfr. Giménez Amaya, J. M., *La universidad en el proyecto sapiencial...*, pp. 93-95.
84. Cfr. Madigan, A., *S. J.*, *Éticas aristotélicas contemporáneas...*, pp. 48-50.

3.8. *Rechazo del individualismo moderno*

MacIntyre va a argumentar a continuación que el individuo moderno, como sujeto autónomo desvinculado de la historia, es una ficción[85]. Toda identidad moral se forma en contextos sociales e históricos concretos. El agente moral es, ante todo, miembro de comunidades prácticas, portador de una historia y de una tradición. La modernidad, para él, se caracteriza por la exaltación de un yo sin vínculos, sin narración, sin historia. Esta exaltación genera una moral sin orientación, incapaz de ofrecer sentido a las decisiones humanas. En cambio, la vida buena solo puede definirse en relación con una concepción compartida del bien humano y con instituciones que encarnen esa visión. Este enfoque también implica una crítica directa a la ética kantiana, que presupone un sujeto universal abstracto, y al utilitarismo, que reduce la moral al cálculo de preferencias. Ambos fallan en articular el nexo entre la vida moral y la comunidad[86].

3.9. *El retorno de las comunidades virtuosas*

MacIntyre concluye *After Virtue* proponiendo un giro hacia una ética de las virtudes situada en contextos concretos. Esto no significa restaurar el pasado, sino reactivar el potencial crítico y racional de las tradiciones éticas. Las virtudes deben ser cultivadas en instituciones vivas, capaces de resistir la lógica instrumental de la modernidad.

Para nuestro autor, lo que importa es la construcción de formas locales de comunidad dentro de las cuales la vida civil pueda

---

85. Cfr. Bello Rodríguez, H. J., Giménez Amaya, J. M., *Valoración ética de la modernidad...*, pp. 165-170.
86. Cfr. Madigan, A., *S. J.*, *Éticas aristotélicas contemporáneas...*, pp. 84-86.

ser sostenida y los ideales morales puedan ser conservados. Esta afirmación, que evoca la figura de un nuevo san Benito, señala que la esperanza no está en el sistema, sino en las pequeñas comunidades capaces de generar prácticas virtuosas.

Es muy ilustrativo de lo que hemos señalado en este apartado lo que nos indica MacIntyre en el prólogo de *After Virtue* de la tercera edición en el año 2007: «En la última frase de *After Virtue* yo hablaba de nosotros como esperando a otro san Benito. La grandeza de Benito se sustenta en hacer posible una nueva clase de institución, esa que representa el monasterio de oración, instrucción y trabajo, en la que y alrededor de la cual, las comunidades no solamente podían sobrevivir, sino también florecer en un periodo de obscuridad social y cultural. Los efectos de las intuiciones fundacionales de Benito y de su conformación institucional para aquellos que aprendieron de él en su propio tiempo han sido bastante impredecibles. Cuando escribía la última frase en 1980, mi intención era sugerir que el nuestro es también un tiempo con nuevas e impredecibles posibilidades de renovación. Es un tiempo para resistir todo lo que sea posible, con prudencia y con coraje, con adecuación y templanza, al orden social, económico y político dominante de la modernidad avanzada. Así era hace 26 años. Así sigue siendo ahora»[87].

4. Valoración ética de la modernidad en *Ethics in the conflicts of modernity*[88]

Ethics in the conflicts of modernity (2016) representa la más reciente y sistemática elaboración del pensamiento de Alasdair Ma-

---

87. MacIntyre, A., *After Virtue...*, p. xvi. Traducción al castellano de los autores de este capítulo.
88. *Vid.* Idem, *Ethics in the conflicts of modernity: an essay on desire, practical reasoning, and narrative*, Cambridge: Cambridge University Press, 2016.

cIntyre sobre las relaciones entre la ética y la modernidad. El libro ofrece una recapitulación crítica de su proyecto filosófico, integrando elementos de su obra anterior y proponiendo una lectura renovada de las condiciones necesarias para el desarrollo de una vida moral plena en el contexto contemporáneo[89].

4.1. *Ética y racionalidad práctica*

Desde el comienzo de este texto, MacIntyre reafirma que la racionalidad práctica no puede entenderse al margen de la vida vivida. En un claro contraste con las teorías morales modernas que separan razón y deseo, nuestro autor propone una visión integrada: la razón práctica es la capacidad de deliberar sobre los fines que hacen buena una vida humana. Para el filósofo anglosajón, el razonamiento práctico se ejerce en la medida en que el agente es capaz de identificar y jerarquizar los bienes que le permiten realizar su vida como un todo[90].

Frente a la fragmentación moderna, MacIntyre insiste en que la racionalidad no es universal en abstracto, sino que está encarnada en tradiciones concretas que proporcionan los criterios necesarios para evaluar las acciones. Esta racionalidad no es reducible a reglas formales ni a cálculos de consecuencias, sino que está orientada hacia la vida buena y feliz (*eudaimonía*), entendida como el desarrollo de las capacidades humanas en comunidad.

Existe una traducción al castellano de esta obra de MacIntyre: *vid.* Ídem, *Ética en los conflictos de la modernidad: sobre el deseo, el razonamiento práctico y la narrativa*, Madrid: Rialp, 2017.

89. Cfr. Madigan, A., S. J., *Éticas aristotélicas contemporáneas…*, pp. 69-84.

90. Cfr. Bello Rodríguez, H. J., Giménez Amaya, J. M., *Valoración ética de la modernidad…*, pp. 145-191.

4.2. *Las condiciones sociales de la agencia moral*

Un aspecto central del libro que estamos comentando es la crítica radical al individualismo moderno. Para MacIntyre, la autonomía, concebida como autoafirmación desvinculada, resulta insuficiente para sostener una vida moral coherente. De este modo, la agencia moral requiere ciertas condiciones sociales: vínculos de dependencia mutua, estructuras institucionales que promuevan los bienes comunes, y un entorno cultural que reconozca la importancia de la narración y de las prácticas tal y como las entiende nuestro autor.

Solo en contextos en los que hay narraciones compartidas, prácticas comunes y comunidades de aprendizaje es posible que los agentes descubran qué tipo de vida vale la pena ser vivida[91]. Como indica el profesor Madigan, MacIntyre «ha insistido mucho en que una ética aristotélica de las virtudes solo puede ser vivida en un cierto tipo de contexto social, un contexto en el que las prácticas puedan florecer, los bienes internos a esas prácticas puedan ser discutidos y se requieran las virtudes para que las prácticas puedan ser cultivadas —un contexto social disponible en ciertos tipos de comunidades relativamente pequeñas, pero de ninguna manera disponible con facilidad en los Estados nacionales de la Modernidad avanzada[—]»[92].

En este sentido, MacIntyre argumenta que muchas formas de patología moral contemporánea —como la trivialidad ética,

---

91. Cfr. MADIGAN, A., *S. J.*, *Éticas aristotélicas contemporáneas...*, pp. 69-84.
92. Cfr. ÍDEM, «Alasdair MacIntyre: reflections on a philosophical identity, suggestions for a philosophical project»..., p. 125. Madigan contrasta este aristotelismo de MacIntyre con el expuesto por el filósofo norteamericano Henry Veatch (1911-1999), que disocia la ética aristotélica de la cultura en que habitó Aristóteles. Traducción al castellano de los autores de este capítulo.

la ansiedad o el relativismo— surgen de la ausencia de estos contextos[93].

4.3. Narrativa y unidad de vida

La identidad moral no puede ser concebida al margen de una narración que confiere unidad y sentido a la vida del ser humano. «Vivir narrativamente» significa interpretar las propias acciones como partes de una historia orientada hacia fines significativos. Esta unidad narrativa permite a los agentes evaluar sus decisiones y corregir su rumbo[94].

MacIntyre retoma aquí su tesis de *After Virtue*, según la cual la unidad de una vida humana, concebida narrativamente, es el *telos* de esa vida. Pero ahora la desarrolla con más atención a los obstáculos reales que impiden vivir de este modo en la modernidad. La presión del mercado, la fragmentación institucional y el descrédito de la tradición dificultan la articulación de vidas coherentes[95].

Como indica MacIntyre de forma muy significativa: «Lo que tradicionalmente da significado a la historia contada en una novela, una obra dramática o un poema épico, es que algo está en juego para uno o más de los personajes, algo relacionado con su desenlace definitivo [...]. Lo que está inmediatamente en juego es, por lo común, algún bien cuya consecución es tan importante para los personajes que su pérdida cuestionaría la orientación que han dado a sus vidas»[96].

---

93. Cfr. Bello Rodríguez, H. J., Giménez Amaya, J. M., *Valoración ética de la modernidad...*, pp. 145-191.

94. Cfr. *Ibid.*, 184-191.

95. Cfr. Giménez Amaya, J. M., *La universidad en el proyecto sapiencial...*, pp. 147-148.

96. Cfr. MacIntyre, A., *Ética en los conflictos de la modernidad...*, p. 392.

4.4. Bienes, deseos y aprendizaje moral

Una de las contribuciones más originales de este libro es la articulación del proceso por el cual los agentes aprenden a desear lo que es bueno. La modernidad ha promovido una cultura de la preferencia subjetiva, donde los deseos son incuestionables. Frente a ello, MacIntyre sostiene que «el deseo debe ser educado» y que esta educación tiene lugar en el marco de prácticas sociales reguladas por estándares de excelencia.

Por otra parte, el hecho de que deseemos algo no constituye por sí mismo una razón para satisfacer ese deseo[97]. La racionalidad práctica implica examinar los deseos a la luz de los bienes que permiten florecer como ser humano. Este proceso de discernimiento no es solitario, sino comunitario: requiere la presencia de otros que cuestionen, orienten y compartan la búsqueda del bien.

El aprendizaje moral, por tanto, no se limita a la adquisición de normas, sino que incluye la transformación de los hábitos afectivos, la disciplina del carácter y el desarrollo de la virtud. Esto implica una disciplina de aprendizaje en la que se ensayan y corrigen los juicios sobre qué bienes perseguir[98].

4.5. Las virtudes del reconocimiento de la dependencia

En su obra de finales del siglo XX *Dependent rational animals* (1999)[99], MacIntyre había subrayado la importancia de reconocer la vulnerabilidad y la dependencia como rasgos constitutivos de la

---

97. Cfr. Bello Rodríguez, H. J., Giménez Amaya, J. M., *Valoración ética de la modernidad…*, p. 51.
98. Cfr. *Ibid.*, pp. 59-62.
99. *Vid.* MacIntyre, A., *Dependent rational animals: why human beings need the virtues*, Notre Dame. Notre Dame University Press, 1988. Existe una traducción al castellano de esta obra de MacIntyre: *vid.* Ídem, *Animales racio-*

condición humana. En *Ethics in the conflicts of modernity*, retoma esta idea para mostrar que la ética no puede fundarse en la autosuficiencia idealizada.

Nuestro autor señala que solo aquellos que reconocen su dependencia de otros y la de estos respecto a ellos pueden aprender a identificar los bienes comunes que deben orientar sus acciones[100]. Las virtudes del cuidado, la gratitud y la misericordia se vuelven indispensables para una vida moral plena.

Este reconocimiento de la dependencia no implica pasividad, sino apertura a formas de racionalidad que escapan al cálculo instrumental. La interdependencia, lejos de ser un obstáculo, es una condición positiva para el desarrollo moral[101].

4.6. *Crítica de la economía moderna*

MacIntyre dedica varias secciones del libro a criticar la racionalidad económica contemporánea, en particular la idea de que los agentes actúan sabiendo que «relaciones mercantiles son vistas simplemente como relaciones entre individuos que buscan maximizar sus beneficios y satisfacer sus preferencias, aun cuando esas preferencias sean altruistas»[102]. Este modelo, derivado del utilita-

---

nales y dependientes: por qué los seres humanos necesitamos las virtudes, Barcelona: Paidós, 2001.

100. Cfr. Montoya Camacho, J. M., Giménez Amaya, J. M., *Corporalidad, tecnología y deseo de salvación: apuntes para una antropología de la vulnerabilidad*, Madrid: Dykinson, 2024, pp. 29-47.

101. Giménez Amaya, J. M., Lombo, J. A., «Dependencia y vulnerabilidad en la ética de Alasdair MacIntyre», en *Cuarenta años de After Virtue de Alasdair MacIntyre: relecturas iberoamericanas*, F. J. de la Torre, M. Loria y L. Nontol (eds.), Madrid: Dykinson, 2022, pp. 105-114.

102. Bello Rodríguez, H. J., Giménez Amaya, J. M., *Valoración ética de la modernidad…*, p. 167.

rismo y de la economía neoclásica, no capta la complejidad real de la vida práctica.

El problema no es que los agentes no actúen según la maximización de utilidad, sino que esta idea ignora los bienes que no pueden ser cuantificados ni reducidos a preferencias. La economía moderna presupone un sujeto abstracto que toma decisiones sin historia ni comunidad, lo cual distorsiona profundamente la comprensión de la acción humana[103].

Frente a esto, MacIntyre propone una visión alternativa, donde la economía sea parte de la vida moral y esté ordenada a fines humanos reales: cuidado, amistad, justicia, educación. Esto solo es posible si se recupera una racionalidad práctica encarnada en instituciones que prioricen los bienes comunes[104].

4.7. Instituciones, prácticas y corrupción moral

Un tema recurrente en esta obra de MacIntyre es la tensión entre prácticas e instituciones. Mientras que las primeras permiten la realización de bienes internos, las segundas tienden a perseguir bienes externos como poder, prestigio o dinero. Esta tensión puede conducir a la corrupción moral si las instituciones dejan de proteger las prácticas[105].

En *Ethics in the conflicts of modernity*, se analiza cómo muchas instituciones modernas —escuelas, universidades, hospitales— han sido colonizadas por lógicas externas que comprometen su

---

103. Cfr. *Ibid.*, pp. 159-165.
104. Cfr. Montoya Camacho, J. M., Giménez Amaya, J. M., «La virtud de la "justa generosidad" y su relación con el bien común según Alasdair MacIntyre», en *La política del bien común en MacIntyre*, J. de la Torre, M. Loria y L. Nontol (eds.), Madrid: Dykinson, 2025, pp. 139-154.
105. Cfr. Giménez Amaya, J. M., *La universidad en el proyecto sapiencial…*, pp. 147-148.

integridad moral. El profesionalismo vacío, la burocracia, y la gestión por indicadores son signos de esta degeneración.

La solución no es rechazar las instituciones, sino reformarlas desde dentro, a partir de agentes virtuosos que comprendan la naturaleza de los bienes que dichas instituciones deberían custodiar. De esta manera, nuestro autor señalará que, por ejemplo, una universidad no es verdaderamente tal si no cultiva la verdad; o, un hospital, no lo es si no busca el cuidado del enfermo[106].

4.8. Tradición como marco de aprendizaje

MacIntyre redefine el concepto de tradición no como algo estático, sino como un argumento extendido a lo largo del tiempo. Las tradiciones vivas son aquellas que permiten la discusión racional sobre los fines y los medios, integrando la experiencia histórica con la crítica presente[107].

De este modo, una tradición ética no puede comprenderse solo como un conjunto de normas heredadas, sino una comunidad de aprendizaje que permite a sus miembros progresar en la comprensión del bien. Esto contrasta con la visión moderna del sujeto como fuente autónoma de normatividad. En realidad, para MacIntyre, solo aprendemos a razonar como miembros de una tradición particular. Este marco proporciona continuidad sin rigidez: permite conservar lo valioso, revisar lo dudoso y rechazar lo falso. Las tradiciones no son inmunes al error, pero ofrecen los recursos para reconocerlo y corregirlo[108].

---

106. *Vid.* Bello Rodríguez, H. J., Giménez Amaya, J. M., *Valoración ética de la modernidad…*
107. Cfr. Giménez Amaya, J. M., *La universidad en el proyecto sapiencial…*, pp. 93-94.
108. Cfr. Bello Rodríguez, H. J., Giménez Amaya, J. M., «Alasdair MacIntyre: introducción narrativa a su obra», *Scientia et Fides*, 6 (2018),

4.9. *Ejemplos narrativos y modelos de vida*

Una novedad metodológica del libro es el uso de ejemplos narrativos que ilustran e iluminan cómo se configuran vidas moralmente exitosas o fallidas. MacIntyre analiza personajes —tales como Vasili Grossman, Sandra Day O'Connor, C. R. L. James o Denis Faul— para mostrar cómo estas personas navegan entre conflictos, errores, aprendizajes y búsquedas de sentido[109].

Estos relatos son importantes porque permiten comprender la ética no como un sistema de reglas, sino más bien como un modo de sabiduría práctica. Las vidas bien vividas se caracterizan por la integración reflexiva de bienes diversos, por la capacidad de reconocer la dependencia, y por el compromiso con la verdad.

Así, para MacIntyre, las vidas que se desarrollan conforme a una narración coherente, informada por la virtud y guiada por un fin inteligible, son vidas que tienen sentido y valor moral. Por el contrario, el fracaso moral, en cambio, se manifiesta en vidas fragmentadas, contradictorias, entregadas a fines ilusorios[110].

4.10. *La tarea ética hoy*

MacIntyre culmina su análisis afirmando que la tarea ética que se nos encomienda en la modernidad avanzada en que vivimos consiste en reconstruir las condiciones para realizar una deliberación racional adecuada sobre los fines humanos. Esto no puede

---

pp. 189-206 y IDEM, «Alasdair MacIntyre», en F. Fernández Labastida y J. A. Mercado (eds.), Philosophica: Enciclopedia filosófica *on line*, 2021 (https://www.philosophica.info/voces/macintyre/MacIntyre.html).

109. Cfr. MACINTYRE, A., *Ética en los conflictos de la modernidad...*, pp. 407-514.

110. Cfr. BELLO RODRÍGUEZ, H. J., GIMÉNEZ AMAYA, J. M., *Valoración ética de la modernidad...*, pp. 198-199.

lograrse a partir de teorías formales, sino de comunidades prácticas que sean capaces de sostener tradiciones vivas. Por lo tanto, el desafío que tenemos no es simplemente resistir a esta modernidad, sino transformarla desde dentro ya que, sostiene nuestro autor, la crítica de la modernidad debe ir acompañada de la creación de auténticos modos alternativos de vida. Esta forma —nueva— de vivir no es una utopía abstracta, sino una manera concreta de habitar el mundo con sentido, responsabilidad y apertura al bien[111].

Para el filósofo anglosajón, el lugar por excelencia donde se gesta esta transformación es el seno de una comunidad, que puede ser familiar, educativa, laboral o política. Allí se aprende la práctica del bien, se ensayan las virtudes y se descubre el sentido de la propia vida en un contexto narrativo y en el seno de una tradición acogida y trasmitida[112].

5. Conclusiones

La trayectoria intelectual de Alasdair MacIntyre, tal como se ha presentado, muestra una evolución crítica frente a la filosofía moral contemporánea, que culmina en una propuesta articulada desde una visión aristotélico-tomista renovada. Este itinerario no es meramente teórico: está marcado por una búsqueda de coherencia vital, por la conciencia que tiene de las aporías del pensamiento moderno y por el deseo de reconstruir una ética capaz de dar sentido a la vida humana en un contexto social. Nuestro autor ha pasado del marxismo al tomismo, de la crítica ideológica a la filo-

---

111. Cfr. MacIntyre, A., *Ética en los conflictos de la modernidad...*, pp. 514-523 *Vid.* Bello Rodríguez, H. J., Giménez Amaya, J. M., *Valoración ética de la modernidad...*

112. Cfr. Madigan, A., *S. J., Éticas aristotélicas contemporáneas...*, pp. 77-82.

sofía práctica, de la sospecha ante el liberalismo a la afirmación de las virtudes como mediación entre el individuo y el bien común.

Uno de los grandes méritos de su obra es haber puesto en evidencia el carácter fragmentado e incoherente de la moral moderna. Desde *After Virtue*, sostiene que el lenguaje moral de nuestra época está roto: conserva palabras que evocan grandeza —virtud, deber, justicia—, pero ya no tienen un significado compartido. Para MacIntyre estamos en una cultura que ha perdido sus raíces en una tradición moral viva y que, sin embargo, sigue usando su vocabulario como si esas raíces todavía existieran. En este sentido, él no es simplemente un crítico, sino un *genealogista*: desvela los procesos históricos que llevaron a esa ruptura y propone caminos de recuperación.

Lo que MacIntyre descubre es que, al disociar las normas morales de su contexto teleológico, la cultura de la modernidad ha producido un tipo de racionalidad instrumental, incapaz de orientar la vida hacia fines humanos. Como resultado, se impone una cultura emotivista, donde los juicios morales se reducen a expresiones de preferencia personal, y donde la retórica del consenso oculta conflictos reales. Para el filósofo británico la moral moderna es una retórica sin sustancia, y llega a afirmar que este vacío favorece formas de manipulación, tecnocracia o nihilismo. Frente a ello, su diagnóstico se convierte en propuesta: recuperar las prácticas, las virtudes y la noción de bien humano como ejes de una ética viva.

MacIntyre propone una ética enraizada en la experiencia práctica, en la narrativa personal y en la pertenencia a una tradición. Esto supone rechazar la figura del «yo desencarnado» típico del liberalismo moderno y afirmar que la identidad moral solo se forma en contextos comunitarios. Para nuestro autor el agente moral es siempre un ser con historia, situado en una tradición que le proporciona los criterios para juzgar y actuar. Esta es la razón por la cual el pensamiento de MacIntyre no se limita a oponer teorías, sino que busca mostrar cómo ciertas formas de vida permiten o impiden el florecimiento humano.

Tanto *After Virtue* como *Ethics in the conflicts of modernity* comparten una misma convicción: la racionalidad práctica está vinculada al fin o *telos*. No se trata solo de deliberar sobre medios, sino de discernir los fines que hacen que una vida humana sea digna de ser vivida. Para ello, las virtudes son indispensables: son hábitos de sentir, pensar y actuar que permiten ordenar los deseos, aprender de los errores y alcanzar los bienes internos a las prácticas. Sin las virtudes, la acción moral se vuelve ciega, dependiente del capricho o de la utilidad inmediata.

Ahora bien, en la obra posterior de MacIntyre, especialmente en *Dependent rational animals* y *Ethics in the conflicts of modernity*, adquiere una relevancia creciente el reconocimiento de la vulnerabilidad humana y la necesidad de dependencia mutua. Frente a la exaltación moderna de la autonomía, se propone una ética del cuidado, fundada en la interdependencia ya que ningún ser humano es moralmente autosuficiente y todos estamos, en algún momento de nuestra vida, necesitados de ayuda, protección, formación o consuelo. De este modo, virtudes como la gratitud, la misericordia o la generosidad han venido a ser centrales en su filosofía moral.

Otro aspecto clave en su propuesta es el papel de las instituciones. Estas son necesarias para sostener las prácticas, pero pueden también corromperlas si priorizan bienes externos como el poder o el prestigio. MacIntyre señala que muchas instituciones modernas han dejado de cultivar los bienes internos que las justifican. Tal es el caso de las universidades que dejan de buscar la verdad, los hospitales que descuidan el cuidado del enfermo o los sistemas políticos que abandonan la deliberación racional. Por ello, insiste en que las instituciones deben ser reformadas desde dentro, por agentes virtuosos que comprendan su sentido original.

Asimismo, la noción de tradición desempeña un papel fundamental en su pensamiento. Para MacIntyre, una tradición no es un conjunto de «dogmas» inmutables, sino un argumento extendido a lo largo del tiempo, que permite la crítica, la innovación y la transmisión de sabiduría. Las tradiciones éticas vivas —como la aristotélica-tomista— proporcionan el marco en el que las virtudes pueden ser comprendidas, practicadas y perfeccionadas. Frente al historicismo o al relativismo, el filósofo británico sostiene que es posible evaluar racionalmente las tradiciones desde dentro de ellas, en diálogo con otras, y a la luz del bien humano[113].

Finalmente, su diagnóstico de la modernidad no se cierra con un lamento. Aunque considera que muchas de las estructuras sociales actuales dificultan grandemente la vida virtuosa, mantiene la esperanza en la formación de comunidades locales que puedan cultivar prácticas significativas, resistir la lógica instrumental dominante y reconstruir una vida moral orientada al bien común. Para él lo que importa es la construcción de formas locales de comunidad dentro de las cuales la vida civil pueda ser sostenida.

En resumen, la filosofía moral de Alasdair MacIntyre ofrece una crítica lúcida y rigurosa a los fundamentos de la modernidad, pero también una propuesta sólida para su superación. Recuperar las virtudes, reconocer la dependencia y construir entornos sociales donde esto pueda desarrollarse son tareas que requieren paciencia, aprendizaje y compromiso. Su obra nos recuerda que la ética no es solo un conjunto de teorías, sino un modo de habitar el mundo con sentido —con un *telos*—, orientado hacia la plenitud humana. Y en tiempos de incertidumbre, fragmentación o posverdad, esta propuesta aparece no solo como razonable, sino como profundamente necesaria[114].

113. *Vid.* MacIntyre, A., *Three rival versions of moral enquiry…*
114. Cfr. Giménez Amaya, J. M., Villanueva Cruz, E., «Alasdair MacIntyre (1929-2025): un filósofo de la vida y de las personas», *El Debate*, 28 de mayo de 2025.

6. Bibliografía

Bello Rodríguez, H. J., Giménez Amaya, J. M., *Valoración ética de la modernidad según Alasdair MacIntyre*, Pamplona: EUNSA, 2018.

—, «Alasdair MacIntyre: introducción narrativa a su obra», *Scientia et Fides*, 6 (2018), pp. 189–206.

—, «Alasdair MacIntyre», en F. Fernández Labastida y J. A. Mercado (eds.), Philosophica: Enciclopedia filosófica *on line*, 2021 (https://www.philosophica.info/voces/macintyre/MacIntyre. html).

Borradori, G., *Conversaciones filosóficas: el nuevo pensamiento norteamericano*, Santafé de Bogotá: Editorial Norma, 1996.

D'Andrea, T. D., *Tradition, rationality, and virtue: the thought of Alasdair MacIntyre*, Abingdon: Routledge, 2017.

Giménez Amaya, J. M., *La universidad en el proyecto sapiencial de Alasdair MacIntyre*, Pamplona: EUNSA, 2020.

Giménez Amaya, J. M., Lombo, J. A., «Dependencia y vulnerabilidad en la ética de Alasdair MacIntyre», en *Cuarenta años de After Virtue de Alasdair MacIntyre: relecturas iberoamericanas*, F. J. de la Torre, M. Loria y L. Nontol (eds.), Madrid: Dykinson, 2022, pp. 105–114.

Giménez Amaya, J. M., Sánchez-Migallón, S., *Diagnóstico de la universidad en Alasdair MacIntyre: génesis y desarrollo de un proyecto antropológico*, Pamplona: EUNSA, 2011.

Giménez Amaya, J. M., Villanueva Cruz, E., «Alasdair MacIntyre (1929-2025): un filósofo de la vida y de las personas», *El Debate*, 28 de mayo de 2025.

Knight, K *The MacIntyre Reader*, Notre Dame: University of Notre Dame Press, 1998.

Lutz, C., *Tradition in the ethics of Alasdair MacInytre: relativism, thomism, and philosophy*, Lexington Books, Lanham 2004.

—, *Reading Alasdair MacIntyre's After Virtue*, London: Continuum, 2012.

MacIntyre, A., *Tras la virtud*, Barcelona: Barcelona: Crítica, 1987.

—, *Whose justice? Which rationality?*, Notre Dame. Notre Dame University Press, 1988.

—, *Three rival versions of moral enquiry: encyclopedia, genealogy and tradition: being Gifford lectures delivered in the University of Edimburgh in 1988*, London: Duckworth, 1990.

—, *Justicia y racionalidad: conceptos y contextos*, Barcelona: EIUNSA, 1994.

—, *Dependent rational animals: why human beings need the virtues*, Chicago: Open Court, 1999.

—, *Animales racionales y dependientes: por qué los seres humanos necesitamos las virtudes*, Barcelona: Paidós, 2001.

—, *After virtue: a study in moral theory*, Third edition, Notre Dame: University of Notre Dame Press, 2007.

—, *Marxismo y cristianismo*, Granada: Nuevo Inicio, 2007.

—, *Dios, filosofía, universidades: historia selectiva de la tradición filosófica católica*, Granada: Nuevo Inicio, 2012.

—, «On having survived the academic moral philosophy of the twentieth century», en *What happened in and to moral philosophy in the twentieth century?: philosophical essays in honor of Alasdair MacIntyre*, F. O'Rourke (ed.), Notre Dame: Notre Dame University Press, 2013, pp. 17–34.

—, *Ethics in conflicts of modernity: an essay on desire, practical reasoning, and narrative*, Cambridge: Cambridge University Press, 2016.

—, *Ética en los conflictos de la modernidad: sobre el deseo, el razonamiento práctico y la narrativa*, Madrid: Rialp, 2017.

—, *Against the self-images of the age: essays on ideology and philosophy* Notre Dame: University of Notre Dame Press, 2018.

—, *Tres versiones rivales de la ética: enciclopedia, genealogía y tradición*, Madrid: Rialp, 2022.

MADIGAN, A., S. J., «Catholic philosophers and present day modernity», COMIUCAP session at the American Catholic Philosophical Association, St. Louis, Missouri, Friday 28 October 2011, (*https://ethics.live/2023/04/13/textos-del-profesor-arthur-madigan-s-j-sobre-la-filosofia-practica-moderna/*).

—, «Alasdair MacIntyre: Reflections on a Philosophical Identity, Suggestions for a Philosophical Project», en *What Happened in and to Moral Philosophy in the Twentieth Century?: Philosophical Essays in Honor of Alasdair MacIntyre*, F. O'Rourke (ed.), University of Notre Dame Press, Notre Dame 2013, pp. 122–144.

—, *Éticas aristotélicas contemporáneas: Alasdair MacIntyre, Martha Nussbaum, Robert Spaemann*, Pamplona: EUNSA, 2025.

MCMYLOR, P., *Alasdair MacIntyre: critic of modernity*, London & New York: Routledge, 1994.

MONTOYA CAMACHO, J. M., GIMÉNEZ AMAYA, J. M., *Corporalidad, tecnología y deseo de salvación: apuntes para una antropología de la vulnerabilidad*, Madrid: Dykinson, 2024.

—, «La virtud de la "justa generosidad" y su relación con el bien común según Alasdair MacIntyre», en *La política del bien común en MacIntyre*, J. de la Torre, M. Loria y L. Nontol (eds.), Madrid: Dykinson, 2025, pp. 139–154.

VOORHOEVE, A., «Alasdair MacIntyre: the illusion of self-sufficiency» en VOORHOEVE, A., *Conversations on Ethics*, Oxford: Oxford University Press, 2009, pp. 111–131.

YEPES STORK, R., «Después de *Tras la virtud*: entrevista a Alasdair MacIntyre», *Atlántida*, 4 (1990), pp. 87–95 (traducción de José Luis del Barco).

Anexo:
Tablas analíticas sobre la obra de Alasdair MacIntyre hasta 2018

Reproducimos a continuación con el permiso de la editorial EUNSA las tablas analíticas tal y como se publicaron en nuestro libro *Valoración ética de la modernidad según Alasdair MacIntyre* que apareció editado en el año 2018[115]. En la introducción que hicimos en ese texto, se mencionan las fuentes principales que seguimos para construirlas. Remitimos al lector a esa breve introducción para seguir las fuentes consultadas en su elaboración[116].

1. Libros

1.1. Libros en inglés

Año	Título	Editorial (Ciudad)
1953	*Marxism: An Interpretation*	SCM Press (London)
1955	*New Essays in Philosophical Theology* (Coeditor con Antony Flew)	SCM Press (London) Macmillan (New York)
1957	*Metaphysical Beliefs: Three Essays* (Coautor con Stephen Toulman y Ronald W. Hepburn).	SCM Press (London)
1958	*The Unconscious: A Conceptual Analysis*	Routledge & Kegan Paul (London) Thoemmes Press (Bristol 1997)
1959	*Difficulties in Christian Belief*	SCM Press (London)
1965	*Hume's Ethical Writings: Selections from David Hume* (Editor)	Collier Books (New York)
1966	*A Short History of Ethics: A History of Moral Philosophy from the Homeric Age to the Twentieth Century*	Macmillan (New York) Routledge & Kegan Paul (London 1967)

115. Cfr. Bello Rodríguez, H. J., Giménez Amaya, J. M., *Valoración ética de la modernidad...*, pp. 203-256.
116. Cfr. *Ibid.*, pp. 203-204.

Año	Título	Editorial (Ciudad)
1967	*Secularization and Moral Change* (Riddell Memorial Lectures 1964)	Oxford University Press (Oxford)
1968	*Marxism and Christianity* (Revisión de *Marxism: An Interpretation*)	Schocken Books (New York) Duckworth (London 1969) Penguin Books (London 1971) University of Notre Dame Press (Notre Dame 1984)
1969	*The Religious Significance of Atheism* (Bampton Lectures 1966) (Coautor con Paul Ricoeur)	Columbia University Press (New York)
1970	*Metaphysical Beliefs: Three Essays* 2nd Edition (Coautor Stephen Toulman y Ronald W. Hepburn)	SCM Press (London)
1970	*Sociological Theory and Philosophical Analysis* (Coeditor con Dorothy Emmet)	Macmillan (New York)
1970	*Herbert Marcuse: An Exposition and a Polemic*	Viking Press (New York)
1971	*Against the Self-Images of the Age: Essays on Ideology and Philosophy*	Schocken Books (New York) Duckworth (London) University of Notre Dame Press (Notre Dame 1978)
1972	*Hegel: A Collection of Critical Essays* (Editor)	Anchor Books (Garden City)
1981	*After Virtue: A Study in Moral Theory*	University of Notre Dame Press (Notre Dame) Duckworth (London)
1983	*Revisions: Changing Perspectives in Moral Philosophy* (Coeditor con Stanley Hauerwas)	University of Notre Dame Press (Notre Dame)
1984	*After Virtue: A Study in Moral Theory* 2nd Edition	University of Notre Dame Press (Notre Dame) Duckworth (London 1985)
1988	*Whose Justice? Which Rationality?*	University of Notre Dame Press (Notre Dame) Duckworth (London)

Año	Título	Editorial (Ciudad)
1990	Three Rival Versions of Moral Enquiry: Encyclopaedia, Genealogy, and Tradition (Gifford Lectures 1988)	University of Notre Dame Press (Notre Dame) Duckworth (London)
1990	First Principles, Final Ends and Contemporary Philosophical Issues. (The Aquinas Lecture 1990)	Marquette University Press (Milwaukee)
1995	Marxism and Christianity 2nd Edition	University of Notre Dame Press (Notre Dame) Duckworth (London)
1998	A Short History of Ethics: A History of Moral Philosophy from the Homeric Age to the Twentieth Century 2nd Edition	Routledge (London)
1999	Dependent Rational Animals: Why Human Beings Need the Virtues	Open Court (Chicago) Duckworth (London)
2004	The Unconscious: A Conceptual Analysis 2nd Edition	Routledge (London)
2005	Edith Stein: A Philosophical Prologue, 1913 – 1922	Rowman & Littlefield (Lanham) Continuum (London 2006)
2006	The Tasks of Philosophy: Selected Essays, Volume 1	Cambridge University Press (Cambridge)
2006	Ethics and Politics: Selected Essays, Volume 2	Cambridge University Press (Cambridge)
2007	After Virtue: A Study in Moral Theory 3rd Edition	University of Notre Dame Press (Notre Dame) Duckworth (London)
2009	God, Philosophy, Universities: A Selective History of the Catholic Philosophical Tradition	Rowman & Littlefield (Lanham) Continuum (London)
2016	Ethics in the Conflicts of Modernity: An Essay on Desire, Practical Reasoning, and Narrative	Cambridge University Press (Cambridge)

1.2. Libros en castellano

Año	Título	Editorial (Ciudad)
1970	Historia de la ética	Paidós (Buenos Aires)
		Paidós Ibérica (Barcelona 1971)
1982	El concepto de inconciente [sic]	Amorrortu Editores (Buenos Aires)
1987	Tras la virtud	Crítica (Barcelona)
		Austral (Barcelona 2013)
1992	Tres versiones rivales de la ética	Rialp (Madrid)
1994	Justicia y racionalidad: conceptos y contextos	Ediciones Internacionales Universitarias (Madrid)
2001	Animales racionales y dependientes: por qué los seres humanos necesitamos las virtudes	Paidós Ibérica (Barcelona)
2003	Primeros principios, fines últimos y cuestiones filosóficas contemporáneas	Ediciones Internacionales Universitarias (Madrid)
2007	Marxismo y cristianismo	Nuevo Inicio (Granada)
2008	Edith Stein: un prólogo filosófico, 1913-1922	Nuevo Inicio (Granada)
2008	Ética y política: ensayos escogidos II	Nuevo Inicio (Granada)
2011	Las tareas de la filosofía: ensayos escogidos I	Nuevo Inicio (Granada)
2012	Dios, filosofía, universidades: historia selectiva de la tradición filosófica católica	Nuevo Inicio (Granada)
2017	Ética en los conflictos de la Modernidad: sobre el deseo, el razonamiento práctico y la narrativa	Rialp (Madrid)

2. Capítulos de libro[117]

Año	Capítulo	Libro
1960	«Breaking the Chains of Reason»	Edward P. Thompson (ed.), Out of Apathy, Stevens & Sons, London, pp. 195-240.

117. En esta sección se ofrece el lugar original de aparición de cada uno de los capítulos. No se incluyen, en cambio, posibles publicaciones ulteriores

Año	Capítulo	Libro
1960	«Deism»	James O. Urmson (ed.), *The Concise Encyclopedia of Western Philosophy and Philosophers*, Hawthorn Books, New York, p. 91.
		[Revisión] James O. Urmson & Jonathan Rée (eds.), *The Concise Encyclopedia of Western Philosophy and Philosophers*, Unwin Hyman, London & Boston 1989, p. 70.
1960	«Pantheism»	James O. Urmson (ed.), *The Concise Encyclopedia of Western Philosophy and Philosophers*, Hawthorn Books, New York, p. 286.
1960	«Theism»	James O. Urmson (ed.), *The Concise Encyclopedia of Western Philosophy and Philosophers*, Hawthorn Books, New York, pp. 377-379.
		[Revisión] James O. Urmson & Jonathan Rée (eds.), *The Concise Encyclopedia of Western Philosophy and Philosophers*, Hawthorn Books, Unwin Hyman, London & Boston 1989, pp. 312-315.
1962	«A Mistake About Causality in Social Science»	Peter Laslett & Walter G. Runciman (eds.), *Philosophy, Politics and Society: Second Series*, Blackwell, Oxford, pp. 48-70.
1964	«Marx»	Maurice Cranston (ed.), *Western Political Philosophers: A Background Book*, Bodley Head, London, pp. 99-108.
1964	«Is Understanding Religion Compatible With Believing?»	John Hick (ed.), *Faith and the Philosophers*, St. Martin's Press, New York, pp. 110-111.
1964	«Freudian and Christian Dogmas as Equally Unverifiable»	John Hick (ed.), *Faith and the Philosophers*, St. Martin's Press, New York, pp. 115-133.

del mismo capítulo en otros libros (salvo en los casos que hemos considerado oportuno señalarlo).

Año	Capítulo	Libro
1964	«Existentialism»	Daniel J. O' Connor (ed.), *A Critical History of Western Philosophy*, Free Press, New York, pp. 509-529 [Castellano] *Historia Crítica de la Filosofía Occidental*, vol. VII: *Filosofía contemporánea*, Paidós, Barcelona 1983, pp. 172-242.
1964	«Against Utilitarianism»	T. H. B. Hollins (ed.), *Aims in Education: The Philosophic Approach*, Manchester University Press, Manchester, pp. 1-23.
1966	«The Antecedents of Action»	Bernard Williams & Alan Montefiore (eds.), *British Analytic Philosophy*, Routledge & Kegan Paul, London, pp. 205-225.
1966	«Recent Political Thought»	David Thompson (ed.), *Political Ideas*, Basic Books, New York, pp. 189-200.
1967	«Being»	Paul Edwards (ed.), *Encyclopedia of Philosophy*, vol. 1, Macmillan, New York, pp. 273-277.
1967	«Brunner, Emil»	Paul Edwards (ed.), *Encyclopedia of Philosophy*, vol. 1, Macmillan, New York, pp. 403-405.
1967	«Egoism and Altruism»	Paul Edwards (ed.), *Encyclopedia of Philosophy*, vol. 2, Macmillan, New York, pp. 462-466.
1967	«Essence and Existence»	Paul Edwards (ed.), *Encyclopedia of Philosophy*, vol. 3, Macmillan, New York, pp. 59-61.
1967	«Existentialism»	Paul Edwards (ed.), *Encyclopedia of Philosophy*, vol. 3, Macmillan, New York, pp. 147-154.
1967	«Freud, Sigmund»	Paul Edwards (ed.), *Encyclopedia of Philosophy*, vol. 3, Macmillan, New York, pp. 249-253.
1967	«Jung, Carl Gustav»	Paul Edwards (ed.), *Encyclopedia of Philosophy*, vol. 4, Macmillan, New York, pp. 294-296.

Año	Capítulo	Libro
1967	«Kierkegaard, Søren Aabye»	Paul Edwards (ed.), *Encyclopedia of Philosophy*, vol. 4, Macmillan, New York, pp. 336-340.
1967	«Myth»	Paul Edwards (ed.), *Encyclopedia of Philosophy*, vol. 5, Macmillan, New York, pp. 434-437.
1967	«Ontology»	Paul Edwards (ed.), *Encyclopedia of Philosophy*, vol. 5, Macmillan, New York, pp. 542-543.
1967	«Pantheism»	Paul Edwards (ed.), *Encyclopedia of Philosophy*, vol. 6, Macmillan, New York, pp. 31-35.
1967	«Spinoza, Benedict (Baruch)»	Paul Edwards (ed.), *Encyclopedia of Philosophy*, vol. 7, Macmillan, New York, pp. 530-541.
1971	«Behavior, Belief and Emotion»	Marjorie Grene (ed.), *Interpretations of Life and Mind: Essays Around the Problem of Reduction*, Routledge & Kegan Paul, London, pp. 84-98.
1972	«Is a Science of Comparative Politics Possible?» [Este capítulo fue originalmente publicado en *against the Self-Images of the Age* (1971) y luego también en A. Ryan (ed.), *The Philosophy of Social Explanation*, Oxford University Press, Oxford 1973, pp. 171-188]	Peter Laslett, Walter G. Runciman & Quentin Skinner (eds.), *Philosophy, Politics and Society: Fourth Series*, Blackwell, Oxford, pp. 8-26. [Castellano] «¿Es posible una ciencia política comparada?», en Alan Ryan (ed.), *La filosofía de la explicación social*, Fondo de Cultura Económica, México 1976, pp. 267-293.
1972	«Chairman's Opening Remarks»	Wolfe Mays & Stuart C. Brown (eds.), *Linguistic Analysis and Phenomenology*, Macmillan, New York, pp. 40-45.
1972	«Modern German Thought»	Malcolm Pasley (ed.), *Germany: A Companion to German Studies*, Methuen, London, pp. 427-451.
1975	«Has Science Any Future»	Nicholas H. Steneck (ed.), *Science and Society: Past, Present and Future*, University of Michigan Press, Michigan, Ann Arbor, pp. 356-362.

Año	Capítulo	Libro
1976	«Causality and History»	Juha Manninen & Raimo Tuomela (eds.), *Essays on Explanation and Understanding: Studies in the Foundations of Humanities and Social Sciences*, Reidel, Dordrecht, pp. 137-158. [Castellano] «Causalidad e historia», en Juha Manninen & Raimo Tuomela (eds.), *Ensayos sobre explicación y comprensión*, Alianza Editorial, Madrid 1980, pp. 137-158.
1976	«Power and Virtue in the American Republic»	Robert V. Hannaford (ed.), *The Case For and Against Power for the Federal Government*, Ripon College Press, Ripon, pp. 16-20.
1977	«Patients as Agents»	Hugo Tristram Engelhardt Jr. & Stuart F. Spicker (eds.), *Philosophical Medical Ethics: Its Nature and Significance*, Reidel, Dordrecht, pp. 197-212.
1977	«Can Medicine Dispense with a Theological Perspective on Human Nature?»	Hugo Tristram Engelhardt Jr. & Daniel Callahan (eds.), *Knowledge, Value and Belief: The Foundation of Ethics and Its Relationship to the Science*, vol. 2, Hastings Center, Hastings-on-Hudson, pp. 25-43.
1977	«A Rejoinder to a Rejoinder»	Hugo Tristram Engelhardt Jr. & Daniel Callahan (eds.), *Knowledge, Value and Belief: The Foundation of Ethics and Its Relationship to the Science*, vol. 2, Hastings Center, Hastings-on-Hudson, pp. 75-78.
1977	«Utilitarianism and Cost-Benefit Analysis: An Essay on the Relevance of Moral Philosophy to Bureaucratic Theory»	Kenneth Sayre (ed.), *Values in the Electric Power Industry*, University of Notre Dame Press, Notre Dame, pp. 217-237.
1978	«Behaviorism: Philosophical Analysis»	Warren T. Reich *et al* (eds.), *Encyclopaedia of Bioethics*, Macmillan, pp. 110-115.
1978	«Objectivity in Morality and Objectivity in Science»	Hugo Tristram Englehardt Jr. & Daniel Callahan (eds.), *Morals, Science and Sociality*, Hastings Center, Hastings-on-Hudson, pp. 21-39.

Año	Capítulo	Libro
1978	«The Right to Die Garrulously»	Ernan McMullin (ed.), *Death and Decision*, American Association for the Advancement of Science, Selected Symposium 18, Westview Press, Boulder, pp. 75-84.
1979	«Medicine Aimed at the Care of Patients Rather Than What...?»	Eric J. Cassell & Mark Siegler (eds.), *Changing Values in Medicine*, University Publications of America, Frederick, pp. 83-96.
1979	«Social Science Methodology as the Ideology of Bureaucratic Authority»	Maria J. Falco (ed.), *Through the Looking Glass: Epistemology and the Conduct of Inquiry*, University Press of America, Washington, D.C., pp. 42-58.
1979	«Corporate Modernity and Moral Judgment: Are They Mutually Exclusive?»	Kenneth M. Sayre & Kenneth E. Goodpaster (eds.), *Ethics and Problems of the 21st Century*, University of Notre Dame Press, Notre Dame, pp. 122-35.
1980	«The American Idea»	David Noel Doyle & Owen Dudley Edwards (eds.), *America and Ireland, 1776-1976: The American Identity and the Irish Connection*, Greenwood Press, Westport, pp. 57-68.
1980	«How Moral Education Came to Find its Place in the Schools»	National Humanities Center working paper 1, *Ethics and Moral Education*, National Humanities Center, Research Triangle Park.
1981	«A Crisis in Moral Philosophy: Why Is the Search for the Foundations of Ethics So Frustrating?»	Daniel Callahan Hugo & Tristram Englehardt Jr. (eds.), *The Roots of Ethics: Science, Religion and Values*, Hastings Center, Hastings-on-Hudson, pp. 3-20.
1982	«Risk, Harm, and Benefit Assessments as Instruments of Moral Education»	Tom L. Beauchamp *et al.* (eds.), *Ethical Issues in Social Science Research*, Johns Hopkins UP, Baltimore, pp. 175-192.
1983	«The Indispensability of Political Theory»	David Miller & Larry A. Siedentop (eds.), *The Nature of Political Theory*, Oxford University Press, Oxford, pp. 17-33.
1983	«To Whom is the Nurse Responsible?»	Catherine P. Murphy & Howard Hunter (eds.), *Ethical Problems in the Nurse-Patient Relationship*, Allyn & Bacon, Boston, pp. 78-83.

Año	Capítulo	Libro
1984	«The Relationship of Philosophy to its Past»	Richard Rorty, Jerome B. Schneewind & Quentin Skinner (eds.), *Philosophy in History: Essays on the Historiography of Philosophy*, Cambridge University Press, Cambridge, pp. 31-48. [Castellano] *La filosofía en la historia: Ensayos de historiografía de la filosofía*, Paidós, Barcelona & Buenos Aires 1990, pp. 49-68.
1984	«Philosophy and Politics»	J. L. Capps (ed.), *Philosophy and Human Enterprise: USMA Class of 1951 Lecture Series, 1982-3*, United States Military Academy, West Point, pp. 131-161.
1985	«How Psychology Makes Itself True - or False»	Sigmund Koch & David E. Leary (eds.), *A Century of Psychology as Science*, McGraw-Hill, New York, pp. 897-903.
1986	«Positivism, Sociology and Practical Reasoning: Notes on Durkheim's Suicide»	Alan Donagan, Anthony N. Perovich Jr. & Michael V. Wedin (eds.), *Human Nature and Natural Knowledge: Essays Presented to Marjorie Grene on the Occasion of her Seventy-Fifth Birthday*, Reidel, Dordrecht, pp. 87-104.
1986	«The Intelligibility of Action»	Joseph Margolis, Michael Krausz & Richard M. Burian (eds.), *Rationality, Relativism and the Human Sciences*, Martinus Nijhoff Publishers, Dordrecht, pp. 63-80.
1986	«The Humanities and the Conflicts Of and With Traditions» [El artículo «Traditions and Conflicts» (1987), citado en el apartado de artículos académicos, es una versión reducida de este capítulo]	Tamar March & Gary E. Overvold (eds.), *Interpreting the Humanities*, Woodrow Wilson Educational Foundation, Princeton University, pp. 17-33.
1987	«The Idea of an Educated Public»	Graham Haydon (ed.), *Education and Values: The Richard Peters Lectures*, Institute of Education, University of London, London, pp. 15-36. [Castellano] «La idea de un público educado», *Revista de Educación*, n. 292 (1990), pp. 119-136.

Año	Capítulo	Libro
		[Castellano] «La idea de una comunidad ilustrada», Diálogo Filosófico, n. 21 (1991), pp. 324-342.
1987	«Post-Skinner and Post-Freud: Philosophical Causes of Scientific Disagreements»	Hugo Tristram Engelhardt Jr., & Arthur L. Caplan (eds.), Scientific Controversies: Case Studies in the Resolution and Closure of Disputes in Science and Technology, Cambridge University Press, Cambridge, pp. 295-311.
1987	«Can One Be Unintelligible to Oneself?»	Christopher McKnight & Marcel Stchedroff (eds.), Philosophy in its Variety: Essays in Memory of François Bordet, Queen's University of Belfast, Belfast, pp. 23-37.
1988	«Sôphrosunê: How a Virtue Can Become Socially Disruptive»	Peter A. French, Theodore E. Uehling & Howard K Wettstein (eds.), Ethical Theory: Character and Virtue, University of Notre Dame Press, Notre Dame, pp. 1-11.
1988	«Poetry as Political Philosophy: Notes on Burke and Yeats»	Verene Bell & Laurence Lerner (eds.), On Modern Poetry: Essays Presented to Donald Davie, Vanderbilt University Press, Nashville, pp. 145-157.
1990	«The Form of the Good, Tradition and Enquiry»	Raimond Gaita (ed.), Value and Understanding: Essays for Peter Winch, Routledge, London, pp. 242-262.
1990	«The Return to Virtue Ethics»	Russell E. Smith (ed.), The Twenty-Fifth Anniversary of Vatican II: A Look Back and a Look Ahead, The Pope John Centre, Braintree, pp. 239-249.
1991	«Incommensurability, Truth, and the Conversation Between Confucians and Aristotelians About the Virtues»	Eliot Deutsch (ed.), Culture and Modernity: East-West Philosophic Perspectives, University of Hawaii Press, Honolulu, pp. 104-122.
1992	«Colors, Cultures, and Practices»	Peter A. French, Theodore E. Uehling Jr., & Howard K. Wettstein (eds.), The Wittgenstein Legacy: Midwest Studies in Philosophy, vol. 17, University of Notre Dame Press, Notre Dame, pp. 1-23.

Año	Capítulo	Libro
1992	«Virtue Ethics»	Lawrence C. Becker & Charlotte B. Becker (eds.), *Encyclopedia of Ethics*, vol. 2, St. James Press, Chicago, pp. 1276-1282.
1993	«The Theses on Feuerbach: A Road Not Taken»	Carol C. Gould & Robert S. Cohen (eds.), *Artifacts, Representations and Social Practice*, Kluwer Academic Publishers, Dordrecht, pp. 277-290.
1993	«Are Philosophical Problems Insoluble? The Relevance of System and History»	Patricia Cook (ed.), *Philosophical Imagination and Cultural Memory: Appropriating Historical Traditions*, Duke University Press, Durham, pp. 65-82.
1993	«Some Sceptical Doubts»	Steven M. Cahn ed., *Affirmative Action and the University*, Temple University Press, Philadelphia, pp. 264-268.
1994	«Hume, Testimony to Miracles, the Order of Nature, and Jansenism»	Jack J. MacIntosh & Hugo A. Meynell (eds.), *Faith, Scepticism and Personal Identity: A Festschrift for Terence Penelhum*, University of Calgary Press, Calgary, pp. 83-99.
1994	«A Partial Response to My Critics»	John Horton & Susan Mendus (eds.), *After MacIntyre: Critical Perspectives on the Work of Alasdair MacIntyre*, Polity Press, Cambridge and Oxford, pp. 283-304.
1994	«Moral Relativism, Truth and Justification»	Luke Gormally (ed.), *Moral Truth and Moral Tradition: Essays in Honour of Peter Geach and Elizabeth Anscombe*, Four Courts Press, Blackrock County, pp. 6-24.
1995	«Truthfulness, Lies, and Moral Philosophers: What Can We Learn from Mill and Kant?»	Grethe B. Peterson (ed.), *The Tanner Lectures on Human Values*, vol. 16, University of Utah Press, Salt Lake City, pp. 307-361.
1995	«Histories of Moral Philosophy»	Ted Honderich (ed.), *The Oxford Companion to Philosophy*, Oxford University Press, Oxford, p. 515.

Año	Capítulo	Libro
1995	«Lying»	Ted Honderich (ed.), The Oxford Companion to Philosophy, Oxford University Press, Oxford, pp. 356-360.
1996	«MacIntyre (A philosophical self-portrait)»	Thomas Mautner (ed.), The Penguin Dictionary of Philosophy, Blackwell, Oxford, p. 252.
1996	«Foreword»	Frederick L. Will, Kenneth R. Westphal (eds.), Pragmatism and Realism: Studies in Epistemology and Cognitive Theory, Rowman & Littlefield, Lanham, pp. ix-xii.
1997	«Foreword»	Joseph Dunne, Back to the Rough Ground: Practical Judgment and the Lure of Technique, University of Notre Dame Press, Notre Dame, pp. xiii-xiv.
1997	«Introduction» (con Hans Fink)	Knud Ejler Løgstrup, The Ethical Demand, University of Notre Dame Press, Notre Dame, pp. xv-xxxviii.
1997	«Prólogo» [Se corresponde con la traducción del texto citado en la sección de artículos académicos «Plain Persons and Moral Philosophy: Rules, Virtues and Goods» (1992)]	Margarita Mauri et al., Crisis de valores: modernidad y tradición: Una reflexión ética sobre la sociedad contemporánea, Editorial Europea Universitaria, Barcelona, pp. I-VI.
1998	«Foreword»	Tsang Lap-Chuen, The Sublime: Groundwork towards a Theory, University of Rochester Press, Rochester, pp. i-xxii.
1998	«Politics, Philosophy and the Common Good»	Kelvin Knight (ed.), The MacIntyre Reader, University of Notre Dame Press, pp. 235-252.
1998	«Aquinas's Critique of Education: Against His Own Age, Against Ours»	Amélie Oksenberg Rorty (ed.), Philosophers on Education: Historical Perspectives, Routledge, London, pp. 95-108.
1999	«John Case: An Example of Aristotelianism's Self-Subversion?»	John P. O' Callaghan & Thomas S. Hibbs (eds.), Recovering Nature: Essays in Natural Philosophy, Ethics, and Metaphysics in Honor of Ralph McInerny, University of Notre Dame Press, Notre Dame, pp. 71-82.

Año	Capítulo	Libro
1999	«Foreword»	Edward F. Mooney (ed.), *Wilderness and the Heart: Henry Bugbee's Philosophy of Place, Presence, and Memory*, University of Georgia Press, Athens, pp. xiii-xx.
1999	«Preface»	Babette E. Babich & Robert S. Cohen (eds.), *Nietzsche, Epistemology, and Philosophy of Science: Nietzsche and the Sciences II*, Kluwer, Dordrecht, pp. xvi-xvii.
1999	«Some Enlightenment Projects Reconsidered»	Richard Kearney & Mark Dooley (eds.), *Questioning Ethics: Contemporary Debates in Philosophy*, Routledge, London, pp. 245-257.
1999	«Toleration and the Goods of Conflict»	Susan Mendus (ed.), *The Politics of Toleration in Modern Life*, Duke University Press, Durham, pp. 133-155.
2000	«The Need for a Standard of Care»	Leslie Pickering Francis & Anita Silvers (eds.), *Americans With Disabilities: Exploring Implications of the Law for Individuals and Institutions*, Routledge, New York, pp. 81-86.
2000	«Theories of Natural Law in the Culture of Advanced Modernity»	Edward B. McLean (ed.), *Common Truths: New Perspectives on Natural Law*, ISI Books, Wilmington, pp. 91-115.
2001	«Once More on Kierkegaard»	John J. Davenport & Anthony Rudd (eds.), *Kierkegaard After MacIntyre: Essays on Freedom, Narrative, and Virtue*, Open Court, Chicago, pp. 339-356.
2001	«Catholic Universities: Dangers, Hopes, Choices»	Robert E. Sullivan (ed.), *Higher Learning and Catholic Traditions*, University of Notre Dame Press, Notre Dame, pp. 1-21.
2002	«On Not Having the Last Word: Thoughts on Our Debts to Gadamer»	Jeff Malpas, Ulrich Arnswald & Jens Kertscher (eds.), *Gadamer's Century: Essays in Honor of Hans-Georg Gadamer*, MIT Press, Boston, pp. 157-172.

Año	Capítulo	Libro
2002	«Truth as a Good: A Reflection on *Fides et Ratio*»	James J. McEvoy & Michael Dunne (eds.), *Thomas Aquinas, Approaches to Truth: The Aquinas Lectures at Maynooth, 1996-2001*, Four Courts Press, Dublin, pp. 141-157.
2002	«Foreword»	Herbert McCabe, O. P., *God Still Matters*, Continuum, London, pp. vii-ix.
2003	«Preface»	Servais Pinckaers, O. P., *Morality: The Catholic View*, St. Augustine's Press, South Bend, pp. vii-viii.
2004	«What Both the Bad and the Good Bring to Friendships in Their Strange Variety»	Thomas A. F. Kelly & Phillip W. Rosemann (eds.), *Amor Amicitiae: On the Love That Is Friendship: Essays in Medieval Thought and Beyond in Honor of the Reverend Professor James McEvoy*, Peeters, Leuven, pp. 241-255.
2004	«Questions for Confucians: Reflections on the Essays in Comparative Study of Self, Autonomy, and Community»	Kwong-loi Shun & David B. Wong (eds.), *Confucian Ethics: A Comparative Study of Self, Autonomy, and Community*, Cambridge University Press, Cambridge, pp. 203-218.
2004	«Once More on Confucian and Aristotelian Conceptions of the Virtues: A Response to Professor Wan»	Robin R. Wang (ed.), *Chinese Philosophy in an Era of Globalization*, State University of New York Press, Albany, pp. 151-162.
2005	«Introduction»	Herbert, McCabe, O. P. (ed.), *The Good Life: Ethics and the Pursuit of Happiness*, Continuum, London, pp. vii y ss.
2005	«Artifice, Desire, and Their Relationship: Hume against Aristotle»	Joyce Jenkins, Jennifer Whiting & Christopher Williams (eds.), *Persons and Passions: Essays in Honor of Annette Baier*, University of Notre Dame Press, Notre Dame.
2006	«What Has Christianity to Say to the Moral Philosopher?»	Alan J. Torrance & Michael Banner (eds.), *The Doctrine of God and Theological Ethics*, T & T Clark, London, pp. 17-32.
2006	«Foreword»	Ruth W. Grant (ed.), *Naming Evil, Judging Evil*, University of Chicago Press, Chicago, pp. vii-x.

Año	Capítulo	Libro
2006	«Transformations of Enlightenment: Plato, Rosen and the Postmodern»	Nalin Ranasinghe (ed.), *Logos and Eros: Essays Honoring Stanley Rosen*, St. Augustine's Press, South Bend, pp. 13-26.
2007	«Human Nature and Human Dependence: What Might a Thomist Learn from Reading Løgstrup?»	Svend Andersen & Kees van Kooten Niekerk (eds.), *Concern for the Other: Perspectives on the Work of K.E. Løgstrup*, University of Notre Dame Press, Notre Dame, pp. 147-166.
2008	«Conflicts of Desire»	Tobias Hoffman (ed.), *Weakness of Will from Plato to the Present*, Catholic University of America Press, Washington, D.C., pp. 276-292.
2008	«What More Needs to Be Said? A Beginning, Although Only a Beginning, at Saying It»	Kelvin Knight & Paul Blackledge (eds.), *Revolutionary Aristotelianism: Ethics, Resistance and Utopia*, Lucius & Lucius, Stuttgart.
2008	«The New Capitalism and the British Working Class» (Discurso de 1962)	Paul Blackledge & Neil Davidson (eds.), *Alasdair MacIntyre's Engagement with Marxism: Selected Writings 1953-1974*, Brill, Leiden & Boston, pp. 221-240.
2009	«Foreword»	David Bunch & Angus Ritchie (eds.), *Prayer and Prophecy: The Essential Kenneth Leech*, Darton, Longman & Todd, Wandsworth.
2009	«Intractable Moral Disagreements»	Lawrence S. Cunningham (ed.), *Intractable Disputes about the Natural Law: Alasdair MacIntyre and Critics*, University of Notre Dame Press, Notre Dame, pp. 1-52.
2009	«From Answers to Questions: A Response to the Responses»	Lawrence S. Cunningham (ed.), *Intractable Disputes about the Natural Law: Alasdair MacIntyre and Critics*, University of Notre Dame Press, Notre Dame, pp. 313-352.
2010	«Postscript: 'There is Only One Sadness ... Not to Be Saints'»	Reinhard Hütter and Matthew Levering (eds.), *Ressourcement Thomism: Sacred Doctrine, the Sacraments, and the Moral Life. Essays in honor of Romanus Cessario, O. P.*, Catholic University of America Press, Washington, D.C., pp. 365-372.

Año	Capítulo	Libro
2011	«How Aristotelianism Can Become Revolutionary: Ethics, Resistance, and Utopia»	Paul Blackledge & Kelvin Knight (eds.), *Virtue and Politics: Alasdair MacIntyre's Revolutionary Aristotelianism*, University of Notre Dame Press, Notre Dame, pp. 11-19.
2011	«Where We Were, Where We Are, Where We Need to Be»	Paul Blackledge & Kelvin Knight (eds.), *Virtue and Politics: Alasdair MacIntyre's Revolutionary Aristotelianism*, University of Notre Dame Press, Notre Dame, pp. 307-334.
2012	«Foreword»	Emile Perreau-Saussine, *Catholicism and Democracy: An Essay in the History of Political Thought*, Princeton University Press, Princeton, pp. vii y ss.
2013	«On Having Survived the Academic Moral Philosophy of the Twentieth Century»	Fran O'Rourke (ed.), *What Happened In and To Moral Philosophy in the Twentieth Century?: Philosophical Essays in Honor of Alasdair MacIntyre*, University of Notre Dame Press, Notre Dame, pp. 17-34.
2013	«Epilogue: What Next?»	Fran O'Rourke (ed.), *What Happened In and To Moral Philosophy in the Twentieth Century?: Philosophical Essays in Honor of Alasdair MacIntyre*, University of Notre Dame Press, Notre Dame, pp. 474-486.
2013	«Torah and Moral Philosophy»	Michael J. Harris, Daniel Rynhold & Tamra Wright (eds.), *Radical Responsibility: Celebrating the Thought of Chief Rabbi Lord Jonathan Sacks*, Maggid Books, Jerusalem, pp. 3-16.
2013	«Foreword»	Isaiah Berlin (ed. Henry Hardy), *Concepts and Categories: Philosophical Essays*, Princeton University Press, Princeton, pp. xi-xix.
2015	«The Irrelevance of Ethics»	Andrius Bielskis and Kelvin Knight (eds.), *Virtue and Economy: Essays on Morality and Markets*, Ashgate Publishing, Farnham, pp. 7-21.
2015	«Social Structures and their Threats to Moral Agency»	Ted Honderich (ed.), *Philosophers of Our Times*, Oxford University Press, Oxford, pp. 295-310.

Año	Capítulo	Libro
2015	«Military Ethics: A Discipline in Crisis»	George Lucas (ed.), *Routledge Handbook of Military Ethics*, Routledge, London, pp. 3-14.
2016	«Writing as Social Disclosure: A Hundred Years Ago and Now»	Allyn Fives & Keith Breen (eds.), *Philosophy and Political Engagement: Reflection in the Public Sphere*, Palgrave Macmillan, London, pp. 99-115.

3. Artículos académicos[118]

Año	Nombre del artículo	Revista, volumen y número, páginas
1951	«Analogy in Metaphysics»	*The Downside Review*, v. 69, n. 215, 45-61.
1955	«Cause and Cure in Psychotherapy»	*Proceedings of the Aristotelian Society*, Supplementary Volumes, 29, 43-58.
1955	«A Note on Immortality»	*Mind*, v. 64, n. 255, 396-399.
1956	«Manchester: The Modern Universities and the English Tradition»	*The Twentieth Century*, v. 159, 123-129.
1957	«Determinism»	*Mind*, v. 66, n. 261, 28-41.
1957	«What Morality is Not»	*Philosophy*, v. 32, n. 123, pp. 325-335.
1959	«Hume on 'Is' and 'Ought'»	*The Philosophical Review*, v. 68, n. 4, 451-468.
1960	«Purpose and Intelligent Action»	*Proceedings of the Aristotelian Society*, Supplementary Volumes, 34, 79-96.
1961	«Marxists and Christians»	*The Twentieth Century*, v. 170, n. 1011, 28-37.
1965	«Pleasure as a Reason for Action»	*The Monist*, v. 49, n. 2, 215-233.
1965	«Imperatives, Reasons for Action, and Morals»	*The Journal of Philosophy*, v. 62, n. 19, 513-524.
1967	«Herbert Marcuse: From Marxism to Pessimism»	*Survey*, v. 62, 38-44.

118.   En esta sección se ofrece el lugar original de aparición de cada uno de los artículos. No se incluyen, en cambio, posibles publicaciones ulteriores del mismo artículo en algún libro o en otras revistas.

Año	Nombre del artículo	Revista, volumen y número, páginas
1967	«The Idea of a Social Science»	Proceedings of the Aristotelian Society, Supplementary Volumes, 41, 95-114. [Castellano] «La idea de la ciencia social», en Alan Ryan (ed.), La filosofía de la explicación social, Fondo de Cultura Económica, México 1976, pp. 27-53.
1971	«A Perspective on Philosophy»	Social Research, v. 38, n. 4, 655-668.
1972	«Predictability and Explanation in the Social Sciences»	Philosophical Exchange, v. 3, n. 1, 5-13.
1973	«Ideology, Social Science, and Revolution»	Comparative Politics, v. 5, n. 3, 321-342.
1973	«The Essential Contestability of Some Social Concepts»	Ethics, v. 84, n. 1, 1-9.
1975	«Toward a Theory of Medical Fallibility» (con Samuel Gorovitz)	The Hastings Center Report, v. 5, n. 6, 13-23.
1977	«Epistemological Crises, Dramatic Narrative and the Philosophy of Science»	The Monist, v. 60, n. 4, 453-472.
1977	«Why Are the Problems of Business Ethics Insoluble?»	W. Michael Hoffman (ed.), Proceedings of the First National Conference on Business Ethics, Center for Business Ethics, Bentley College, Waltham, pp. 99-107.
1978	«What Has Ethics to Learn from Medical Ethics?»	Philosophic Exchange, v. 9, n. 1, 37-47.
1978	«Power Industry Morality»	Symposium, Edison Electric Institute, Washington D.C, pp. 94-108; New Republic (Special Section, v. 181, n. 12, 1979, 7-9).
1979	«Ethical Issues in Attending Physician-Resident Relations: A Philosopher's View»	Bulletin of the New York Academy of Medicine, v. 55, n. 1, 57-61.
1979	«Seven Traits for the Future»	The Hastings Center Report, v. 9, n. 1, 5-7.
1979	«Why is the Search for the Foundations of Ethics So Frustrating?»	The Hastings Center Report, v. 9, n. 4, 16-22.
1979	«Theology, Ethics, and the Ethics of Medicine and Health Care: Comments on Papers (Novak, Mouw, Roach, Cahill, and Hartt»	The Journal of Medicine and Philosophy, v. 4, n. 4, 435-443.

Año	Nombre del artículo	Revista, volumen y número, páginas
1980	«Regulation: A Substitute for Morality»	The Hastings Center Report, v. 10, n. 1, 31-33.
1981	«The Nature of the Virtues: From Homer to Benjamin Franklin»	The Hastings Center Report, v. 11, n. 2, 27-34.
1982	«Philosophy, the 'Other' Disciplines, and Their Histories: A Rejoinder to Richard Rorty»	Soundings: An Interdisciplinary Journal, v. 65, n. 2, 127-145.
1982	«Comments on Frankfurt»	Synthese, v. 53, n. 2, 291-294.
1982	«How Moral Agents Became Ghosts, Or Why the History of Ethics Diverged from that of the Philosophy of Mind»	Synthese, v. 53, n. 2, 295-312.
1982	«Philosophy and its History»	Analyse & Kritik: Zeitschrift für Sozialwissenschaften, v. 4, n. 1, 102-113.
1982	«Intelligibility, Goods, and Rules»	The Journal of Philosophy, v. 79, n. 11, 663-665.
1983	«Moral Rationality, Tradition, and Aristotle: A Reply to Onora O'Neill, Raimond Gaita, and Stephen R. L. Clark»	Inquiry, v. 26, n. 4, 447-466.
1983	«Moral Arguments and Social Contexts»	The Journal of Philosophy, v. 80, n. 10, 590-591.
1984	«Bernstein's Distorting Mirrors: A Rejoinder»	Soundings: An Interdisciplinary Journal, v. 67, n. 1, 30-41.
1984	«The Claims of After Virtue»	Analyse & Kritik: Journal of Philosophy and Social Theory, v. 6, n. 1, 3-7.
1984	«Does Applied Ethics Rest on a Mistake?»	The Monist, v. 67, n. 4, 498-513.
1984	«After Virtue and Marxism: A Response to Wartofsky»	Inquiry, v. 27, nn. 1-4, 251-254.
1985	«Rights, Practices and Marxism: Reply to Six Critics»	Analyse & Kritik: Journal of Philosophy and Social Theory, v. 7, n. 2, 234-248.
1985	«Relativism, Power, and Philosophy»	Proceedings of the American Philosophical Association, v. 59, n. 2, 5-22.
1986	«Which God Ought We to Obey and Why?»	Faith and Philosophy, v. 3, n. 4, 359-371.
1987	«Philosophy: Past Conflicts and Future Direction»	Proceedings and Addresses of the American Philosophical Association, supplement to volume 61, 81-87.

Año	Nombre del artículo	Revista, volumen y número, páginas
1987	«Practical Rationalities as Forms of Social Structure»	*Irish Philosophical Journal*, v. 4, nn. 1-2, 3-19.
1987	«Traditions and Conflicts»	*Liberal Education*, v. 73, n. 5, 6-13.
1987	«John Niemeyer Findlay»	*Bulletin of the Hegel Society of Great Britain*, v. 16, 4-7.
1988	«Rival Justices, Competing Rationalities» [Tomado del libro de MacIntyre *Whose Justice? Which Rationality?* (1988)]	*This World*, v. 21, 78-87.
1988	«Imaginative Universals and Historical Falsification: A Rejoinder to Professor Verene»	*New Vico Studies*, v. 6, 21-30.
1988	«How to Teach Belief?»	*The Maine Scholar*, v. 1, 17-26.
1989	«The Gifford Lectures: Some Modest Proposals»	*Scots Philosophical Newsletter*, v. 3, 4-6.
1990	«The Privatization of Good: An Inaugural Lecture»	*The Politics*, v. 52, n. 3, 344-361. [Castellano] «La privatización del bien», en Carlos I. Massini Correas (ed.), *El iusnaturalismo actual*, Abeledo-Perrot, Buenos Aires 1996, 215-236.
1990	«Rejoinder to My Critics, Especially Solomon»	*The Politics*, v. 52, n. 3, 375-377.
1990	«Moral Dilemmas»	*Philosophy and Phenomenological Research: Supplement*, v. 50, 367-382.
1990	«Individual and Social Morality in Japan and the United States: Rival Conceptions of the Self»	*Philosophy East and West*, v. 40, n. 4, 489-497.
1991	«Précis of Whose Justice? Which Rationality?»	*Philosophy and Phenomenological Research*, v. 51, n. 1, 149-152.
1991	«Reply to Dahl, Baier and Schneewind»	*Philosophy and Phenomenological Research*, v. 51, n. 1, 169-178.
1991	«Reply to Roque»	*Philosophy and Phenomenological Research*, v. 51, n. 3, 619-620.
1991	«I'm Not a Communitarian, But...»	*The Responsive Community*, v. 1, n. 3, 91-92.
1991	«How is Intellectual Excellence in Philosophy to be Understood (a Catholic Philosopher? What has Philosophy to Contribute to Catholic Intellectual Excellence?»	*Current Issues in Catholic Higher Education*, v. 12, n. 1, 47-50.

Año	Nombre del artículo	Revista, volumen y número, páginas
1991	«How to Seem Virtuous Without Actually Being So»	*Centre for the Study of Cultural Values, Occasional Papers Series*, n. 1, Lancaster University, Lancaster.
1992	«What Has *Not* Happened in Moral Philosophy»	*The Yale Journal of Criticism*, v. 5, n. 2, 193-199.
1992	«Plain Persons and Moral Philosophy: Rules, Virtues and Goods»	*American Catholic Philosophical Quarterly*, v. 66, n. 1, 3-19.
		[Castellano] «Persona corriente y filosofía moral: Reglas, virtudes y bienes», *Convivium*, 2ª serie, n. 5 (1993), 63-80.
1992	«Moral Philosophy and Contemporary Social Practice: What Holds Them Apart?»	*Arberjdspapier*, n. 113, Blå Serie, Center for Kulturforskning, Åarhus Universitet, 1-22.
1993	«Miller's Foucault, Foucault's Foucault»	*Salmagundi*, v. 97, 54-60.
1993	«Ethical Dilemmas: Notes from Outside the Field»	*Anthropology Newsletter*, v. 34 n. 7, 5-6.
1994	«How Can We Learn What *Veritatis Splendor* Has to Teach?»	*The Thomist: A Speculative Quarterly Review*, v. 58, n. 2, 171-195.
		[Castellano] «¿Cómo aprender de la *Veritatis Splendor*? El punto de vista de un filósofo», en Juan A. Martínez Camino (ed.), *Libertad de verdad: sobre la "Veritatis Splendor"*, San Pablo, Madrid 1995, 49-76.
1994	«My Station and its Virtues»	*Journal of Philosophical Research*, v. 19, 1-8.
1995	«The Spectre of Communitarianism»	*Radical Philosophy*, v. 70, n. 35, 34-35.
1995	«Thomism and Philosophical Debate»	*The Maritain Notebook*, v. 3, n. 2, 1-2.
1996	«Natural Law as Subversive: The Case of Aquinas»	*Journal of Medieval and Early Modern Studies*, v. 26, n. 1, 61-83.
1999	«The Recovery of Moral Agency»	*Harvard Divinity Bulletin*, v. 28, 6-10.
1999	«Social Structures and their Threats to Moral Agency»	*Philosophy*, v. 74, n. 3, 311-329.
1999	«Moral Pluralism without Moral Relativism»	Klaus Brinkmann (ed.), *The Proceedings of the Twentieth World Congress of Philosophy*, Vol. 1: *Ethics*, Philosophy Documentation Center, Bowling Green, pp. 1-8.

Año	Nombre del artículo	Revista, volumen y número, páginas
2001	«John Niemeyer Findlay 1903-1987»	Proceedings of the British Academy, v. 3, 499-512.
2001	«The Two Faces of Philosophy»	Thomas A. F. Kelly (ed.), Yearbook of the Irish Philosophical Society: Voices of Irish Philosophy, Irish Philosophical Society, 114-126
2006	«The End of Education: The Fragmentation of the American University»,	Commonweal, v. 133, n. 18, 10-14.
2008	«Richard Rorty (1931-2007)»	Common Knowledge, v. 14, n. 2, 183-192.
2008	«How Aristotelianism Can Become Revolutionary: Ethics, Resistance, and Utopia»	Philosophy of Management, v. 7, n. 1, 3-7.
2008	«Yet Another Way to Read the Republic?»	John J. Cleary & Gary M. Gurtler, S. J. (eds.), Proceedings of the Boston Area Colloquium in Ancient Philosophy, v. 23, n. 1, 205-224.
2009	«The Very Idea of a University: Aristotle, Newman and Us»	British Journal of Educational Studies, v. 57, n. 4, 347-362.
2010	«The Very Idea of a University: Aristotle, Newman and Us»	New Blackfriars, v. 91, n. 1031, 4-19.
2010	«Danish Ethical Demands and French Common Goods: Two Moral Philosophies»	European Journal of Philosophy, v. 18, n. 1, 1-16.
2010	«On Being a Theistic Philosopher in a Secularized Culture»	Proceedings of the American Catholic Philosophical Association, v. 84, 23-32.
2010	«On Not Knowing Where You Are Going» (John Dewey Lecture)	Proceedings and Addresses of the American Philosophical Association, v. 84, n. 2, 61-74.
2013	«Replies» (a los ensayos de Vincent Descombes, John Rist, Ronald Beiner & James Bernard Murphy)	Revue Internationale de Philosophie, v. 67, n. 2.
2013	«Philosophical Education Against Contemporary Culture»	Proceedings of the American Catholic Philosophical Association, v. 87, 43-56.
2014	«End and Endings»	American Catholic Philosophical Quarterly, v. 88, n. 4, 807-821.
2015	«The Particularities of Political Conversation»	The Politics, v. 77, n. 4, 641-645.

4. Reseñas

Año	«Título de la reseña» y/o libro reseñado (autor)	Lugar de publicación
1953	Immanuel Kant: Ontologie und Wissenshaftstheorie (Gottfried Martin)	The Downside Review, v. 71, n. 224, 199-201.
1953	The Meaning of Existence (Dom Mark Pontifex & Dom Illtyd Trethowan)	The Downside Review, v. 71, n. 226, 452-454.
1954	The Meaning of Existence (Dom Mark Pontifex & Dom Illtyd Trethowan)	Philosophical Quarterly, v. 4, n. 16, 286-287.
1954	Christian Faith and Natural Science and The Transformation of the Scientific World View (Karl Heim)	Philosophy, v. 29, n. 10, 264-265.
1955	«'Commitment and Objectivity': A Comment by A.C. MacIntyre»: Reseña del artículo «Commitment and Objectivity» (Montagu V. C. Jeffreys)	P. Halmos (ed.), Moral Issues in the Training of Teachers and Social Workers, Sociological Review Monograph, v. 3, n. S1, pp. 89-92.
1956	Subject and Object in Modern Theology (James Brown)	Journal of Theological Studies, v. 7, part 2, 340-342.
1956	«Marxist Tracts». Reseña de Principes Fondamentaux de Philosophie (Georges Politzer, Guy Besse & Maurice Caveing); Introduction to Philosophy (John Lewis); Marxism and the Irrationalists (John Lewis)	Philosophical Quarterly, v. 6, n. 25, 366-370.
1956	An Essay on Christian Philosophy (Dom Illtyd Trethowan)	Philosophical Quarterly, v. 6, n. 25, 378-379.
1956	Karl Marx: Selected Writings in Sociology and Social Philosophy (Thomas B. Bottomore & Maximiliem Rubel, eds.); Philosophy, Politics and Society (Peter Laslett, ed.)	Sociological Review, New Series, v. 4, n. 2, 265-267.
1958	Faith, Reason and Existence (John Hutchison)	Mind, v. 67, n. 266, 283-284.
1958	«The Algebra of the Revolution»: Marxism and Freedom (Raya Dunayevskaya)	Universities and Left Review, n. 5, pp. 79-80.
1959	For Faith and Freedom (Leonard Hodgson)	Philosophy, v. 34, n. 128.
1959	Faith and Logic (Basil Mitchell, ed.)	Philosophical Quarterly, v. 9, n. 34, 90-91.

Año	«Título de la reseña» y/o libro reseñado (autor)	Lugar de publicación
1959	«Dr. Marx and Dr. Zhivago»: *Doctor Zhivago* (Boris Pasternak)	*The Listener*, 8 de enero (v. 61, n. 1554, 61-72).
1959	«Symptoms of Disease»: *Social Theory and Christian Thought* (Werner Stark)	*New Statesman*, 7 de febrero.
1959	«God and Conic Sections»: *Blaise Pascal: The Life and Work of a Realist* (Ernest Mortimer)	*New Statesman*, 1 de abril.
1959	«Telling Our Dreams»: *Dreaming* (Norman Malcolm)	*New Statesman*, 11 de julio.
1959	«The Claims of Philosophy»: *Thought and Action* (Stuart Hampshire)	*New Statesman*, 18 de julio.
1959	«Marcuse, Marxism and the Monolith»: *Soviet Marxism: A Critical Analysis* (Herbert Marcuse)	*The New Reasoner*, n. 9, pp. 139-140.
1959	«The Straw Man of the Age»: *The Establishment* (Hugh Thomas, ed.)	*New Statesman*, 3 de octubre (v. 58, 433-434).
1959	«The Hunt is Up»: *Words and Things* (Ernest Gellner)	*New Statesman*, 31 de octubre.
1959	«No Dilemma for the Archbishop»: *Cyril Forster Garbet* (Charles Smyth)	*New Statesman*, 5 de diciembre.
1959	«Resurrecting an Ancestor»: *F. H. Bradley* (Richard Wollheim)	*New Statesman*, 19 de diciembre.
1960	*History and Eschatology* (Rudolf Bultmann)	*Philosophical Quarterly*, v. 10, n. 38, 92-93.
1960	«Communism and British Intellectuals»: *Communism and British Intellectuals* (Neal Wood)	*The Listener*, 7 de enero (v. 63, n. 1606, 21-24).
1960	«Symptoms of Unease». Reseña de dos libros: *Light Blue, Dark Blue* (Julian Mitchell, John Fuller, William Donaldson & Robin McLaren, eds.); *The Glittering Coffin* (Dennis Potter)	*New Statesman*, 13 de febrero.
1960	«Positivism in Perspective»: *Language, Truth and Logic* (Alfred J. Ayer)	*New Statesman*, 2 de abril (v. 59, 490-491).
1960	«Philosopher of Reaction»: *The Life and Opinions of T. E. Hulme* (Alun R. Jones)	*New Statesman*, 21 de mayo (761-762).
1960	«Huxley and Humanism»: Collected Essays (Aldous Huxley)	*New Statesman*, 22 de octubre.

Año	«Título de la reseña» y/o libro reseñado (autor)	Lugar de publicación
1960	«The Barricades of Art»: *Permanent Red* (John Berger)	*New Statesman,* 29 de octubre.
1961	«Beyond Max Weber»: *An Introduction to the Philosophy of History* (Raymond Aron)	*New Statesman,* 3 de febrero (v. 61, 183-184).
1961	«Irrational Book»: *Irrational Man* (William Barrett)	*New Statesman,* 17 de febrero (v. 61, 270).
1961	«The Man Who Answered the Irish Question»: *The Life and Times of James Connolly* (Charles Desmond Greaves)	*New Left Review,* I, n. 8, 66-67.
1961	«Iron Rationalism»: *Evolution and Progress* (Morris Ginsberg)	*New Statesman,* 7 de abril (v. 61, 550-552).
1961	«Culture and Revolution»: *Culture and Society, 1780-1950 and The Long Revolution* (Raymond Williams)	*International Socialism,* First Series, n. 5, 28.
1961	«Ehrenburg Explains». Reseña de *People, Years and Life* (Ilya Ehrenberg); *Dissonant Voices in Soviet Literature* (Patricia Blake & Max Hayward, eds.); *A Leaf of Spring* (Aleksandr S. Yesenin-Volpin)	*New Statesman,* 15 de septiembre (v. 62, 351).
1962	«Cold Intensities»: *The Decline of the West* (Oswald Spengler)	*New Statesman,* 23 de marzo (v. 63, 419).
1962	«Stalin and History»: *Stalin* (Isaac Deutscher)	*International Socialism,* First Series, n. 8, 32-33.
1962	«Trotsky»: *Literature and Revolution* (Leon D. Trotsky)	*International Socialism,* First Series, n. 8, 33.
1962	«Disengagement»: *Ionesco* (Richard Coe)	*International Socialism,* First Series, n. 8, 33.
1962	*Religious Belief* (Charles B. Martin)	*Philosophical Quarterly,* v. 12, n. 48, 288.
1962	«The Factory»: *The Anatomy of Work* (Georges Friedmann)	*International Socialism,* First Series, n. 9, 29.
1963	«Awful Warning»: *Inventing the Future* (Dennis Gabor)	*New Statesman,* 22 de marzo (v. 65, 426).
1963	*Freedom and Immortality* (Ian T. Ramsey)	*Philosophical Quarterly,* v. 13, n. 51, 182-183.
1963	«God and the Theologians»: *Honest to God* (John Robinson)	*Encounter,* v. 21, n. 3, 3-10.

Año	«Título de la reseña» y/o libro reseñado (autor)	Lugar de publicación
1963	«Marx and Morals»: The Ethical Foundations of Marxism (Eugene Kamenka)	International Socialism, First Series, n. 14, p. 35.
1963	«True Voice»: Memoirs of a Revolutionary (Victor Serge)	New Statesman, 30 de agosto (v. 66, 259).
1963	«Trotsky in Exile»: The Prophet Outcast (Isaac Deutscher)	Encounter, v. 21, n. 6, 73-78.
1964	«Freud as Moralist»: The Letters of Sigmund Freud and Oskar Pfister (Heinrich Meng & Ernst L. Freud, eds.)	The New York Review of Books, 20 de febrero (7).
1964	«The Socialism of R.H. Tawney»: The Radical Tradition (Richard H. Tawney)	The New York Review of Books, 30 de julio (21-27).
1964	«After Hegel»: From Hegel to Nietzsche (Karl Löwith)	The New York Review of Books, 24 de septiembre (15-16).
1964	«Pascal and Marx: on Lucien Goldmann's Hidden God»: The Hidden God (Lucien Goldmann)	Encounter, v. 23, n. 4, 69-76.
1964	«Guide Through a Maze»: A Companion to Wittgenstein's Tractatus (Max Black)	The Guardian, 23 de octubre (13).
1964	«Violence and All That Jazz»: Reseña de Terrorism and Communism (Leon D. Trotsky) y Many Slippery Errors (Alfred Grossman)	International Socialism, First Series, n. 19, 30.
1965	«Irrational Man»: Reseña de Man and His Symbols (Carl .G. Jung, ed.) y Outline of a Jungian Aesthetics (Morris Philipson)	The New York Review of Books, 25 de febrero (5-6).
1965	«Marxist Mask & Romantic Face: Lukács on Thomas Mann»: Essays on Thomas Mann (Georg Lukács)	Encounter, v. 24, n. 4, 64-72.
1965	«Modern Society: an End to Revolt?»: One-Dimensional Man (Herbert Marcuse)	Dissent, v. 12, n. 2, 239-244.
1965	Language, Logic and God (Frederick Ferré)	Philosophical Quarterly, v. 15, n. 60, 284-285.
1965	«Weber at his Weakest»: The Sociology of Religion (Max Weber)	Encounter, v. 25, n. 5, 85-87.
1965	«Behan's Book»: With Breast Expanded (Brian Behan)	International Socialism, First Series, n. 21, 29.

Año	«Título de la reseña» y/o libro reseñado (autor)	Lugar de publicación
1965	«Liberal Marx»: *Karl Marx* (Isaiah Berlin)	*International Socialism*, First Series, n. 21, 30.
1965	«Only Parts»: *The Essential Trotsky* (Leon D. Trotsky)	*International Socialism*, First Series, n. 21, 32.
1966	«Modern Times»: Reseña de *An Introduction to Contemporary History* (Geoffrey Barraclough) y *Power and Human Destiny* (Herbert Rosinski)	*The New York Review of Books*, 17 de marzo (24-26).
1966	«A Kind of Atheism»: *God and Philosophy* (Antony Flew)	*Manchester Guardian*, julio.
1967	*Exchange and Power in Social Life* (Peter M. Blau)	*Sociology*, v. 1, n. 2., 199-201.
1967	*Closed Systems and Open Minds: The Limits of Naivety in Social Anthropology* (Max Gluckman, ed.)	*Philosophical Quarterly*, v. 17, n. 69, 371.
1967	*The Savage Mind* (Claude Lévi-Strauss)	*Philosophical Quarterly*, v. 17, n. 69, 372.
1967	«The Well-Dressed Theologian»: *The New Theologian* (Ved Mehta)	*Encounter*, v. 28, n. 3, 76-78.
1967	«Emasculating History: On Mazlish's 'Riddle'»: *The Riddle of History* (Bruce Mazlish)	*Encounter*, v. 29, n.2, 78-80.
1967	*Twenty Letters to a Friend* (Svetlana Alliluyeva)	*Yale Law Journal*, n. 77, 1032-1036.
1968	*Philosophy of Social Science* (Richard Rudner)	*British Journal for the Philosophy of Science*, v. 18, n. 4, 344-345.
1968	«How to Write About Lenin - and How Not To»: *Lenin: The Man, The Theorist, The Leader* (Leonard Shapiro & Peter Reddaway, eds.)	*Encounter*, v. 30, n. 5, 71-74.
1968	«Son of Ideology»: *The Concept of Ideology and Other Essays* (George Lichtheim)	*The New York Review of Books*, 9 de mayo (26-28).
1968	*The Phenomenology of the Social World* (Alfred Schutz)	*Sociological Review*, v. 16, n. 2, 269-271.
1968	«Future Unpredictable?»: *Progress and Disillusion* (Raymond Aron)	*New Statesman*, 16 de agosto (v. 76, 203-205).

Año	«Título de la reseña» y/o libro reseñado (autor)	Lugar de publicación
1968	«Doubts About Koestler»: *Drinkers of Infinity: Essays 1955-67* (Arthur Koestler)	*The Listener*, 12 de septiembre (v. 80, n. 2063, 342).
1968	«Living or Dead?»: Reseña de *The Sociology of Weber* (Julien Freund) y *The Sociology of Marx* (Henri Lefebvre)	*New Statesman*, 27 de septiembre (v. 76, 400-404).
1968	«In Place of Harold Wilson?»: Reseña de *The Politics of Harold Wilson* (Paul Foot) y *Matters of Principle: Labour's Last Chance* (Tyrrell Burgess, ed.)	*The Listener*, 10 de octubre (v. 80, n. 2063, 476).
1968	«Le Rouge et le Noir»: *Obsolete Communism: The Left Wing Alternative* (Daniel Cohn-Bendit) y *Democracy and the Student Left* (George Kennan)	*New Statesman*, 22 de noviembre (v. 76, 713-716).
1968	«Technocratic Smokescreen»: *Technocracy* (Jean Meynaud)	*The Listener*, 28 de noviembre (723-724).
1968	«Workers and Politics»: Reseña de *Angels in Marble* (Robert McKenzie & Allan Silver) y *The Affluent Worker: Industrial Attitudes and Behavior and The Affluent Worker: Political Attitudes and Behavior* (John H. Goldthorpe, David Lockwood, Frank Bechhofer & Jennifer Platt)	*New Statesman*, 27 de diciembre (v. 76, 907-910).
1969	«Marxism of the Will»: Reseña de *Venceremos! The Speeches and Writings of Che Guevara* (John Gerassi, ed.); *Reminiscences of the Cuban Revolutionary War* (Che Guevara); *The Complete Bolivian Diaries of Che Guevara* (Daniel James, ed.); *My Friend Che* (Ricardo Rojo); *Revolution in the Revolution* (Regis Debray); *The Communists and the Peace* (Jean-Paul Sartre)	*Partisan Review*, v. 36, n. 1, 128-133.
1969	«From Zutphen to Armageddon»: *A Dictionary of Battles* (David Eggenberger)	*New Statesman*, 3 de enero (v. 77, 18).
1969	«Lumps of Thought»: *The Founding Fathers of Social Science* (Timothy Raison, ed.)	*New Statesman*, 31 de enero (v. 77, 159-163).

Año	«Título de la reseña» y/o libro reseñado (autor)	Lugar de publicación
1969	«Made in the USA»: *International Encyclopedia of the Social Sciences* (David Sills, ed.)	*The New York Review of Books*, 27 de febrero (14-16).
1969	«The Self as a Work of Art»: *The Presentation of Self in Everyday Life and Where the Action Is* (Erving Goffman)	*New Statesman*, 28 de marzo (v. 77, 447-450).
1969	«Philosophy and Sanity: Nietzsche's Titanism»: *The Will to Power* (Friedrich Nietzsche)	*Encounter*, v. 32, n. 4, 79-82.
1969	«On the Relevance of the Philosophy of Social Sciences»: *Readings in the Philosophy of the Social Sciences* (May Brodbeck, ed.)	*British Journal of Sociology*, v. 20, n. 2, 223-226.
1969	*Theory and Methods of Social Research* (Johan Galtung)	*British Journal for the Philosophy of Science*, v. 20, n. 2, 173-174.
1969	*Readings in the Philosophy of the Social Sciences* (May Brodbeck, ed.)	*British Journal for the Philosophy of Science*, v. 20, n. 2, 174-175.
1970	*Confrontation: The Student Rebellion and the Universities* (Daniel Bell & Irving Kristol); *University in Turmoil* (Immanuel Wallerstein); y *Higher Education in Social Psychology* (Sven Lundstedt)	*American Journal of Sociology*, v. 75, n. 4, 562-564.
1970	«Political and Philosophical Epilogue: A View of *The Poverty of Liberalism* (Robert Paul Wolff)»	*Proceedings of the Conference for Political Theory*, New York.
1971	«Mr Wilson's Pragmatism»: *The Labour Government 1966-70: A Personal Record* (Harold Wilson)	*The Listener*, 29 de julio (v. 86, n. 2209, 150-151).
1971	«Tell Me Where You Stand on Kronstadt»: *Kronstadt 1921* (Paul Avrich)	*The New York Review of Books*, 12 de agosto (v. 17, n. 2, 24-25).
1972	«Justice: A New Theory and Some Old Questions»: *A Theory of Justice* (John Rawls)	*Boston University Law Review*, n. 52, 330-334.
1972	«Praxis and Action»: *Praxis and Action* (Richard J. Bernstein)	*Review of Metaphysics*, v. 25, n. 2, 737-744.
1972	«Rational Science»: *Objective Knowledge: An Evolutionary Approach* (Karl Popper)	*The Listener*, 14 de diciembre (v. 88, n. 2281, 835-836).

Año	«Título de la reseña» y/o libro reseñado (autor)	Lugar de publicación
1973	«Ancient Politics and Modern Issues»: Reseña de *Civil Disobedience in Antiquity* (David Danube) y *Enemies of the Roman Order* (Ramsay MacMullen)	*Arion*, New Series, v. 1, n. 2 425-430.
1974	«Durkheim's Call to Order»: Émile Durkheim: His Life and Work (Steven Lukes)	*The New York Review of Books*, 7 de marzo (25-26).
1974	«Irish Mythologies»: *War and an Irish Town* (Eamonn McCann)	*New Statesman*, 3 de mayo.
1975	«Jane's Fighting Ships»: *Jane Austen and the War of Ideas* (Marilyn Butler)	*New Statesman*, 24 de octubre (v. 90, n. 2327, 508-509).
1975	«Alasdair Macintyre [*sic*] on Russell's flawed biography»: *The Life of Bertrand Russell* (Ronald Clark)	*The Spectator*, 1 de noviembre (567).
1976	«Who Judges Whom?»: *Vico and Herder: Two Studies in the History of Ideas* (Isaiah Berlin)	*The Listener*, 26 de febrero (v. 95, n. 2446, 251).
1976	«On *Democratic Theory: Essays in Retrieval* by C.B. Macpherson»	*Canadian Journal of Philosophy*, v. 6, n. 2, 177-181.
1976	«Interpretation of the Bible»: *The Eclipse of Biblical Narrative* (Hans W. Frei)	*Yale Review*, v. 65, n. 2, 251-255.
1978	*The Legitimation of Belief* (Ernest Gellner)	*British Journal for the Philosophy of Science*, v. 29, n. 1, 105-110.
1978	*Lying* (Sisela Bok); *Right and Wrong* (Charles Fried); y *Ethics at the Edges of Life* (Paul Ramsey)	*New Republic*, 6 de mayo (v. 178, n. 18, 28-30)
1978	*A History of Philosophy in America* (Elizabeth Flower & Murray G. Murphy)	*New England Quarterly*, v. 51, n. 3, 439-442.
1979	*The Social and Political Thought of Leon Trotsky* (Baruch Knei-Paz)	*American Historical Review*, v. 84, n. 1, 113-114.
1979	*The Seven Deadly Sins: Society and Evil* (Stanford M. Lyman) y *The Seven Deadly Sins Today* (Henry Fairlie)	*Hastings Center Report*, v. 9, 28-29.
1979	*Concepts and Categories: Philosophical Essays* (Isaiah Berlin)	*New Republic*, 9 de junio (v. 180, n. 23, 34-35).
1979	*Rationality and the Social Sciences: Contributions to the Philosophy and Methodology of the Social Sciences* (Stanley I. Benn & Geoffrey W. Mortimore, eds.)	*American Journal of Sociology*, v. 85, n. 1, 217-219.

Año	*«Título de la reseña»* *y/o libro reseñado (autor)*	*Lugar de publicación*
1979	«Alasdair MacIntyre claims that new dark ages are impending»: *Western Political Theory in the Face of the Future* (John Dunn)	*London Review of Books*, 20 de diciembre (v. 1, n. 5, 4-6).
1980	«Contexts of Interpretation: Reflections on Hans-Georg Gadamer's *Truth and Method*»	*Boston University Journal*, n. 26, 173-178.
1980	«Ayer, Anscombe and Empiricism»: Reseña de *Perception and Identity: Essays Presented to A. J. Ayer with his Replies to Them* (Graham F. MacDonald, ed.) y *Intention and Intentionality: Essays in Honour of G. E. M. Anscombe* (Cora Diamond & Jenny Teichman, eds.)	*London Review of Books*, 7 de abril (9-10).
1980	*The Greek Concept of Justice: From Its Shadow in Homer to Its Substance in Plato* (Eric Havelock)	*American Historical Review*, v. 85, n. 3, 605.
1980	«Alasdair MacIntyre on the Claims of Philosophy»: Reseña de *Philosophy and the Mirror of Nature* (Richard Rorty); *The Claim of Reason: Wittgenstein, Skepticism, Morality and Tragedy* (Stanley Cavell); y *Philosophy As It Is* (Ted Honderich & Myles Burnyeat)	*London Review of Books*, 5 de junio (v. 2, n. 11, 15-16)
1980	«John Stuart Mill's Forgotten Victory»: *An Examination of Sir William Hamilton's Philosophy* (John S. Mill)	*London Review of Books*, 16 de octubre (v. 2, n. 20, 13-14).
1980	«The Idea of America»: *Inventing America: Jefferson's Declaration of Independence* (Garry Wills)	*London Review of Books*, 6 de noviembre (v. 2, n. 21, 14-15).
1980	«The Wrong Questions to Ask About War»: *The Ethics of War* (Barrie Paskins & Michael Dockrill)	*Hastings Center Report*, v. 10, n. 6, 40-41.
1981	«Dr. Küng's Fiasco»: *Does God Exist?* (Hans Küng)	*London Review of Books*, 5 de febrero (v. 3, n. 2, 7-8).
1981	*The Teaching of Ethics in the Social Sciences* (Donald P. Warwick)	*Teaching Philosophy*, v. 4, n. 2, 170-171.
1981	«Strangers»: *Modern French Philosophy* (Vincent Descombes)	*London Review of Books*, 16 de abril (v. 3, n. 7, 115-116).

Año	«Título de la reseña» y/o libro reseñado (autor)	Lugar de publicación
1981	Truth, Love and Immortality: An Introduction to McTaggart's Philosophy (Peter T. Geach)	Ethics, v. 91, 667-668
1981	«Pluralistic Philosophy»: Philosophical Explanations (Robert Nozick)	The New York Times Book Review, v. 86, n. 38, 7 y 34.
1981	«Critics' Christmas Choices»: Reseña de Early Auden (Edward Mendelson); The Birds of the Air (Alice Thomas Ellis); y A Community of Character (Stanley Hauerwas)	Commonweal, 4 de diciembre (691).
1982	Religion and Public Doctrine in England (Maurice Cowling)	Political Theory, v. 10, n. 1, 129-132.
1982	«Public Virtue»: Reseña de Explaining America: The "Federalist" (Garry Wills) y James McCosh and the Scottish Intellectual Tradition (J. David Hoeveler Jr.)	London Review of Books, 18 de febrero (v. 4, n. 3, 14).
1982	«Good for Nothing»: Iris Murdoch: Work for the Spirit (Elizabeth Dipple)	London Review of Books, 3 de junio (v. 4, n. 10, 15-16).
1982	«Hannah Arendt as Thinker»: Hannah Arendt: For Love of the World (Elisabeth Young-Bruehl)	Commonweal, v. 109, n. 15, 471-472.
1982	Moral Philosophy at Seventeenth Century Harvard (Norman Fiering)	William and Mary Quarterly, v. 39, n. 4, 687-689.
1982	«After Bertrand Russell»: Philosophy in the Twentieth Century (A. J. Ayer)	The New York Times Book Review, 28 de noviembre (3 y 26).
1983	«The Magic in the Pronoun 'My'»: Moral Luck (Bernard Williams)	Ethics, v. 94, n. 1, 113-125.
1983	Beyond Marxism (Vrajendra Ray Mehta)	Political Theory, v. 11, n. 4, 623-626.
1983	Sartre (Peter Caws)	Journal of Philosophy, v. 80, n. 12, 813-817.
1984	Ethica Thomistica: The Moral Philosophy of Thomas Aquinas (Ralph McInerny)	Teaching Philosophy, v. 7, n. 2, 168-170.
1984	David Hume: Common-Sense Moralist, Sceptical Metaphysician (David Fate Norton)	Noûs, v. 18, n. 2, 379-382.
1985	The Legitimacy of the Modern Age (Hans Blumenberg)	American Journal of Sociology, v. 90, n. 4, 924-926.

Año	«Título de la reseña» y/o libro reseñado (autor)	Lugar de publicación
1985	Goods and Virtues (Michael Slote)	Faith and Philosophy, v. 2, n. 2, 204-207.
1985	The Moral Psychology of the Virtues (Nicholas J. H. Dent)	Politics, v. 47, n. 3, 436-438.
1986	The Theory of Will in Classical Antiquity (Albrecht Dihle)	Ancient Philosophy, v. 6, 242-245.
1986	Slavery and Human Progress (David Brion Davis) y Bribes (John T. Noonan Jr.)	Ethics, v. 96, n. 2, 429-431.
1988	Visions of Virtue in Tokugawa Japan: The Kaitokudo Merchant Academy of Osaka (Tetsuo Najita)	Ethics, v. 98, n. 3, 587-588.
1989	Human Character and Morality (Stephen D. Hudson)	Noûs, v. 23, n. 3, 389-390.
1990	The Abuse of Casuistry: A History of Moral Reasoning (Albert R. Jonsen & Stephen Toulmin)	Journal of the History of Philosophy, v. 28, n. 4, 634-635.
1990	Contingency, Irony, and Solidarity (Richard Rorty)	Journal of Philosophy, v. 87, 708-711.
1991	Newman After a Hundred Years (Ian Ker & Alan G. Hill)	Philosophical Books, v. 32, 154-156.
1991	An Introduction to Metaphysics of Knowledge (Yves R. Simon)	American Catholic Philosophical Quarterly, v. 65, 112-114.
1991	Moral and Spiritual Cultivation in Japanese Neo-Confucianism: The Life and Thought of Kaibara Ekken, 1630 - 1714 (Mary Evelyn Tucker)	Ethics, v. 101, n. 2, 441.
1991	«Jewish Solutions for a Fragmented Society»: The Persistence of Faith (Jonathan Sacks)	The Tablet, 23 de febrero (240-242).
1991	The Tradition of Scottish Philosophy (Alexander Broadie)	Philosophical Quarterly, v. 41, n. 163, 258-260.
1991	The Idea of Political Theory: Reflections on the Self in Political Time and Place (Tracy B. Strong)	Ethics, v. 101, n. 4, 878-879.
1991	The Fabric of Character: Aristotle's Theory of Virtue (Nancy Sherman)	Mind, v. 100, n. 3, 415-416.
1991	Philosophy and the Spontaneous Philosophy of the Scientists and Other Essays (Louis Althusser)	Isis, v. 82, n. 3, 603-604.

Año	«Título de la reseña» y/o libro reseñado (autor)	Lugar de publicación
1991	«Persons and Human Beings»: *The Person and the Human Mind: Issues in Ancient and Modern Philosophy* (Christopher Gill, ed.)	*Arion*, Third Series, v. 1, n. 3, 188-194.
1992	«Victims of Modernity»: *Morality and Modernity* (Ross Poole)	*Radical Philosophy*, v. 60, 57-58.
1992	*Mind in Action* (Amélie Oksenberg Rorty)	*Noûs*, v. 26, pp. 101-102.
1992	*The Moral Virtues and Theological Ethics* (Romanus Cessario)	*The Thomist*, v. 56, n. 2, 339-344.
1992	«Democracy: Ancient, Modern and Post Modern»: *The Ennobling of Democracy: The Challenge of the Postmodern Age* (Thomas L. Pangle)	*Politics*, v. 54, n. 2, 311-313.
1992	*Cultural Otherness: Correspondence with Richard Rorty* (Anindita Niyogi Balslev)	*Philosophy East and West*, v. 42, n. 4, 682-684.
1993	*Moral Education in Aristotle* (Gerard Verbeke)	*Ancient Philosophy*, v. 13, n. 1, 220-221.
1993	«Which World Do You See?»: *Metaphysics as a Guide to Morals* (Iris Murdoch)	*The New York Times Book Review*, 3 de enero (v. 142, n. 49200, 9).
1993	*Moral Absolutes: Tradition, Revision and Truth* (John Finnis)	*Ethics*, v. 103, n. 4, 811-812.
1993	«The Truth is in the Details»: *The Moral Sense* (James Q. Wilson)	*The New York Times Book Review*, 29 de agosto (v. 142, n. 49438, 13).
1994	«Critical Remarks on *The Sources of the Self* by Charles Taylor»	*Philosophy and Phenomenological Research*, v. 54, n. 1, 187-190.
1994	*From Morality to Virtue* (Michael Slote)	*Ancient Philosophy*, v. 14, n. 2, 410-411.
1994	*After the Demise of the Tradition: Rorty, Critical Theory, and the Fate of Philosophy* (Kai Nielsen)	*International Studies in Philosophy*, v. 26, n. 4, 151-152.
1994	*Political Psychology* (Jon Elster)	*Ethics*, v. 105, n. 1, 183-185.
1995	*Prospects for a Common Morality* (Gene Outka & John P. Reeder, eds.)	*Philosophy and Phenomenological Research*, v. 55, n. 2, 484-487.
1996	*The Cambridge Dictionary of Philosophy* (Robert Audi, ed.) y *The Oxford Dictionary of Philosophy* (Simon Blackburn)	*Philosophical Books*, v. 37, n. 3, 183-186.

Año	«Título de la reseña» y/o libro reseñado (autor)	Lugar de publicación
1996	«To Live and Let Live»: *Enlightenment's Wake: Politics and Culture at the Close of the Modern Age* (John Gray)	*Politics*, v. 58, 807-809.
1996	*Philosophy in an Age of Pluralism: The Philosophy of Charles Taylor in Question* (James Tully)	*Philosophical Quarterly*, v. 46, n. 185, 522-24.
1997	*Aristotle, Kant, and the Stoics: Rethinking Happiness and Duty* (Steven Engstrom & Jennifer Whiting, eds.)	*Philosophical Books*, v. 38, n. 4, 239-242.
1997	*Philosophical Arguments* (Charles Taylor)	*Philosophical Quarterly*, v. 47, n. 186, 94-96.
1997	«Natural Law Reconsidered»: *Aquinas's Theory of Natural Law: An Analytic Reconstruction* (Anthony J. Lisska)	*International Philosophical Quarterly*, v. 37, n. 1, 95-99.
1997	*Critical Theory* (David Couzens Hoy & Thomas McCarthy)	*Philosophy and Phenomenological Research*, v. 57, n. 2, 485-487.
1997	*Emotions in Asian Thought: A Dialogue in Comparative Philosophy* (Joel Marks & Roger T. Ames, eds.)	*Journal of Asian Studies*, v. 56, n. 3, 749-750.
1997	*The Morals of Modernity and The Romantic Legacy* (Charles Larmore)	*Journal of Philosophy*, v. 94, n. 9, 485-490.
1998	«What Can Moral Philosophers Learn from the Study of the Brain?»: *The Engine of Reason, the Seat of Soul: A Philosophical Journey into the Brain* (Paul Churchland)	*Philosophy and Phenomenological Research*, v. 58, n. 4, 865-869.
2000	*Partisan or Neutral? The Futility of Public Political Theory* (Michael J. White)	*Philosophy and Phenomenological Research*, v. 60, n. 3, 731-734.
2000	*Justice is Conflict* (Stuart Hampshire)	*Mind*, v. 109, n. 435, 618-621.
2001	*Deals and Ideals: Two Concepts of Enlightenment* (James Daly)	*American Catholic Philosophical Quarterly*, v. 75, n. 4, 629-633.
2002	«Virtues in Foot and Geach»: Reseña de *Natural Goodness* (Philippa Foot) y *Truth and Hope* (Peter Geach)	*Philosophical Quarterly*, v. 52, n. 209, 621-631.
2002	*Henry Sidgwick* (Ross Harrison)	*Notre Dame Philosophical Reviews*, 14 de octubre (10-14).
2005	*Mind, Metaphysics and Value in the Thomistic and Analytic Traditions* (John Haldane, ed.)	*European Journal of Philosophy*, v. 13, n. 1, 139-143.

Año	«Título de la reseña» y/o libro reseñado (autor)	Lugar de publicación
2006	Outside Ethics (Raymond Geuss)	Notre Dame Philosophical Reviews, revista electrónica.
2007	«Review Essay on Moral Animals: Deals and Constraints in Moral Theory»: Moral Animals (Catherine Wilson)	Philosophy and Phenomenological Research, v. 75, n. 3, 716-726.
2007	«Poison Weeds»: The Prison and the Gallows (Marie Gottschalk)	The Review of Politics, v. 69, n. 2, 319-322.
2007	Persons: The Difference Between 'Someone' and 'Something' (Robert Spaemann)	Studies in Christian Ethics, v. 20, n. 3, 440-443.
2008	Faith in a Hard Ground: Essays on Religion, Philosophy and Ethics (Gertrude E.M. Anscombe)	Notre Dame Philosophical Reviews, revista electrónica.
2008	Value and Context: The Nature of Moral and Political Knowledge (Alan Thomas)	Journal of Moral Philosophy, v. 5, n. 1, 151-154.
2010	Why Not Socialism? (Gerald A. Cohen)	Ethics, v. 120, n. 2, 391-395.
2011	«Hard Truths, Soft Lies, Solitary Thoughts»: Hard Truths (Elijah Millgram)	Analysis, v. 71, n. 2, 333-341.

5. Entrevistas[119]

Año	Título (entrevistador)	Lugar de publicación
1971	«Conversations with Philosophers - Alasdair MacIntyre Talks to Bryan Magee about Political Philosophy and its Emergence from the Doldrums» (Bryan Magee)	The Listener, 25 de febrero (v. 85, n. 2187, 235-238). «Conversation with Alasdair MacIntyre: Philosophy and Social Theory», en B. Magee (ed.), Modern Bristish Philosophy, Secker & Warburg, London, pp. 190-201.

119. Para facilitar el acceso a las entrevistas, en algunos casos se ha querido incluir, además del lugar original de publicación, otras referencias.

Año	Título (entrevistador)	Lugar de publicación
1989	«¿Qué puede aprender la Nueva Europa de la vieja América?» (Eduardo Nolla Blanco)	*Vientiuno*, v. 1, n. 2, pp. 74-85.
1990	«Después de *Tras la virtud*» (Ricardo Yepes Stork)	*Atlántida*, v. 1, n. 4, 87-95.
1991	«Nietzsche o Aristotele?» (Giovanna Borradori) [La versión original está en italiano. Aportamos también la traducción inglesa y castellana]	G. Borradori, *Conversazioni Americane*, Editori Laterza, Roma-Bari, 169-187. «Nietzsche or Aristotle?», en G. Borradori, *The American Philosopher*, University of Chicago Press, Chicago 1994, pp. 137-152. *«¿Nietzsche o Aristóteles», en G. Borradori (ed.), Conversaciones filosóficas: El nuevo pensamiento norteamericano*, Editorial Norma S.A., Santafé de Bogotá 1996, pp. 199-219.
1991	*«An Interview with Alasdair MacIntyre»* (Gordon Reddiford & William Watts Miller)	*Cogito*, v. 5, n. 2, 67-73. K. Knight (ed.), *The MacIntyre Reader*, University of Notre Dame Press, Notre Dame, 1998, pp. 267-275. A. Pyle (ed.), *Key Philosophers in Conversation: The Cogito Interviews*, Routledge, London and New York, 1999, pp. 75-84.
1994	«Interview with Professor Alasdair MacIntyre» (Thomas D. Pearson)	*Kinesis*, v. 20, n. 2, 34-47. *Kinesis*, v. 23, 40-50 (1996).
1995	«An Extended Conversation»	Stoddard Martin (ed.), *Colin Haycraft, 1929-1994: Maverick Publisher*, Duckworth, London, pp. 72-74.

En la bibliografía que aporta M. García de Madariaga, op. cit., aparecen otras dos entrevistas que los autores no hemos podido contrastar. Se trata de «Of Aristotle and the Way We Live Now», en el periódico *The Independent* (23 de marzo de 1989), 27; y de «Dialogue with Alasdair MacIntyre», *London School of Economics* (26 de mayo de 2004).

Año	Título (entrevistador)	Lugar de publicación
1996	«Wahre Selbsterkenntnis durch Verstehen unserer selbst aus der Perspektive anderer» *(Dmitri Nikulin)* [Tal y como aparece en M. García de Madariaga, op. cit., pp. 443-444, esta entrevista tuvo lugar en 1995, pero fue publicada al año siguiente. Originalmente en ruso, los autores no han podido identificar el título de la entrevista en esa lengua. Es usual hallarla con el título en la versión alemana, que es el que se ofrece. También se aporta la traducción inglesa]	*Voprosy Filosofii*, v. 1, 91-100. *Deutsche Zeitschrift für Philosophie*, v. 44, n. 4, 671-683. «Reflections of a Romantic Thomist: Alasdair MacIntyre's Interview with Dmitri Nikulin», *Political Theory Newsletter*, v. 9, n. 1, 47-55 (1998).
2002	«Alasdair MacIntyre on Education in Dialogue with Joseph Dunne» (Joseph Dunne)	*Journal of Philosophy of Education*, v. 36, n. 1, 1-19.
2008	*«Alasdair MacIntyre»*	*The Philosophers' Magazine*, v. 40, 47-48.
2009	«The Illusion of Self-Sufficiency» (Alex Voorhoeve)	A. Voorhoeve, *Conversations on Ethics*, Oxford University Press, Oxford, pp. 111-131.
2012	«*Interview: Alasdair MacIntyre, University of Notre Dame» (Liam Kavanagh)*	*Expositions*, v. 6, n. 2, 1-8.
2015	«Filosofijos kaip praktikos prasmė: Pokalbis su Alasdairu MacIntyre'u» (Andrius Bielskis) [Esta entrevista se publica en el libro señalado de A. Bielskis. En ese mismo libro aparece seguidamente la traducción al inglés de la entrevista]	A. Bielskis, *Apie filosofijos ir meno prasmę*, Mykolo Romerio Universitetas, Vilnius, pp. 30-36. «*The Meaning of Philosophy as a Practice: Interview with Alasdair MacIntyre»*, en A. Bielskis, *Apie filosofijos ir meno prasmę*, Mykolo Romerio Universitetas, Vilnius, pp. 37-39.

6. Otros escritos[120]

Año	Nombre del artículo	Referencia
The Modern Churchman		
1955	«The Nature and Destiny of Man: On Getting the Question Clear»	v. 45, 171-176.
The Listener		
1956	«A Society Without a Metaphysics»	13 de septiembre (v. 56, n. 1433, 375-376).
1958	«The Irrelevance of the Church of England»	26 de junio (v. 59, n. 1526, 1054-1056).
1960	«Letter to the editor»	4 de febrero (v. 63, n. 1610, 225).
1960	«Letter to the editor»	25 de febrero (v. 63, n. 1613, 354).
1960	«Letter to the editor»	17 de marzo (v. 63, n. 1616, 500).
1962	«Sartre as a Social Theorist»	22 de marzo (v. 67, n. 1721, 512-514).
1968	«The Reith Lectures are Discussed»	11 de enero (v. 79, 38-42).
1968	«Secularisation»	15 de febrero (v. 79, n. 2029, 193-196).

120. Debido a los distintos tipos de texto que se encuentran en este epígrafe, hemos decidido agruparlos por su lugar de publicación. Se trata, sobre todo, de intervenciones en medios de comunicación; pero también se encuentran opúsculos, conferencias, etc.

En esta sección se ofrece el lugar original de aparición de cada uno de los artículos, opúsculos, etc. No aparecen, en cambio, posibles publicaciones ulteriores del mismo artículo en algún libro o en otras revistas.

Año	Nombre del artículo	Referencia
1968	«Noam Chomsky's View of Language»	30 de mayo (v. 79, n. 2044, 686-691).
1968	«Death and the English»	6 de junio (v. 79, n. 2045, 719-720).
1968	«The Strange Death of Social Democratic England»	4 de julio (v. 80, 7-8).
1968	«Who Gets Killed - Alasdair MacIntyre Discusses the Death of Senator Kennedy»	18 de julio (v. 80, 80-81).

Universities and Left Review

1958	«On Not Misrepresenting Philosophy»	n. 4, 72-73.

The New Reasoner

1958	«Notes from the Moral Wilderness I»	n. 7, 90-100.
1959	«Notes from the Moral Wilderness II»	n. 8, 89-98.

Labour Review

1959	«The 'New Left'»	v. 4, n. 3, 98-100.
1960	«Freedom and Revolution»	v. 5, n. 1, 19-24.

New Statesman

1959	«Labour Purge» (carta al director)	11 de julio.
1960	«On the Death of an Oxford Philosopher» (poema)	12 de marzo (v. 59, 369).

Año	Nombre del artículo	Referencia
1960	«Case History» (poema)	8 de octubre (v. 60, 532).
1963	«Fromm's Dogma»	(v. 66, 748).
1969	«Universities for the Rich»	10 de enero (v. 77, 42-43).
1973	«The Frankfurt's Marxists»	19 de ocutbre (v. 86, n. 2222, 567).
1974	«Ireland»	3 de mayo (v. 87, n. 2250, 626).
1974	«Irish Conflicts and British Illusions»	19 de julio (v. 88, 75-76).
1975	«Gramsci's Letters»	29 de agosto (v. 90, n. 2319, 254).

The Newsletter

Año	Nombre del artículo	Referencia
1959	«The Politics of the Belfast Airport Strike»	29 de agosto (v. 3, n. 115, 239-240).
1959	«What is Marxist Theory For? I: Theory and Activity»	10 de octubre (v. 3, n. 121, 289).
1959	«What is Marxist Theory For? II: Class and History»	17 de octubre (v. 3, n. 122, 293-294).
1959	«What is Marxist Theory For?: III: Intellectuals and Workers»	24 de octubre (v. 3, n. 123, 299-300).
1959	«What is Marxist Theory For?: IV: Good and Bad Theory»	31 de octubre (v. 3, n. 124, 309).
1959	«Discussion: Alasdair MacIntyre»	21 de noviembre (v. 3, n. 127, 331).

International Socialism

Año	Nombre del artículo	Referencia
1960	«Is a Neutralist Foreign Policy Possible?»	First Series, n. 3, 26.
1960	«The Pen and the Sword»	First Series, n. 3, 29-30.
1961	«Rejoinder to Left Reformism»	First Series, n. 6, 20-23.
1962	«C. Wright Mills»	First Series, n. 9, 21.
1963	«Prediction in Politics»	First Series, n. 13, 15-19.

Año	Nombre del artículo	Referencia
1963	«Labour Policy & Capitalist Planning»	First Series, n. 15, 5-9.

Socialist Review

Año	Nombre del artículo	Referencia
1961	«No to All Bombs»	Octubre (11th Year, n. 9).
1961	«Welfare State Dismantled»	Diciembre (11th Year, n. 11).
1962	«Statistics That Don't Lie» (bajo el pseudónimo 'Stephen Hero')	Enero (12th Year, n. 1).
1962	«Congo, Katanga and the UNO»	Enero (12th Year, n. 1).
1962	«Why Mergers?» (bajo el pseudónimo 'Stephen Hero')	Febrero (12th Year, n. 2).
1962	«Ireland Whose Own?»	Febrero (12th Year, n. 2).
1962	«Wages: Lessons from Germany» (bajo el pseudónimo 'Stephen Hero')	Marzo (12th Year, n. 3).
1962	«What's Left for Labour?»	Abril (12th Year, n. 4).
1962	«The Sleepwalking Society: Britain in the Sixties»	Mayo (12th Year, n. 5).
1962	«Open Letter to a Right-Wing Young Socialist»	Junio (12th Year, n. 6).

Encounter

Año	Nombre del artículo	Referencia
1963	«Going into Europe»	v. 20, 2, p. 65.
1965	«The Psycho-analysts: The Future of an Illusion?»	v. 24, n. 5, 38-43.
1970	«Gods & Sociologists»	v. 34, n. 2, 68-74.
1975	«How Virtues Become Vices: Medicine and Society»	v. 45, n. 1, 11-17.

Año	Nombre del artículo	Referencia
Times Literary Supplement		
1967	«Sociology and the Novel»	27 de julio (657-658).
New York Review of Books		
1969	«On Marcuse»	23 de octubre (37-38).
American Journal of Sociology		
1969	«The Reviewer Replies»	v. 76, n. 1, 161.
Observer Review		
1973	«World-Spirit in the BM»	7 de octubre.
Irish Press		
1974	«Sunningdale: A 'Colonial' Solution»	5 de junio (p. 9).
The New York Times		
1978	«Kissinger-Brinkley 'Horror Comic'» (carta al director)	3 de febrero (p. 22).
Wellesley Wragtime		
1980	«Rumpelstilskin's Rules»	Diciembre (6).
Catholic Commission on Intellectual and Cultural Affairs Annual		
1982	«Contemporary Moral Culture»	Notre Dame, 26-34.

Año	Nombre del artículo	Referencia
Notre Dame Center for Ethics and Culture		
2004	«The Only Vote Worth Casting in November»	URL: http://brandon.multics.org/library/macintyre/macintyre2004vote.html
Opúsculos		
1960	From MacDonald to Gaitskell	Socialist Labour League Pamphlet, Plough Press, London.
1983	Are There Any Natural Rights? (Charles F. Adams Lecture)	President and Trustees, Bowdoin College, Brunswick.
1984	Is Patriotism a Virtue? (E.H. Lindley Lecture)	Departament of Philosophy, University of Kansas, Lawrence. [Castellano] «¿Es el patriotismo una virtud?», Cuaderno Gris, Época II, n. 11, 1994, 38-26 (Fragmentos del original).
1987	How to Be a North American	Federation of State Humanities Councils, Washington D.C.
1988	The Objectivity of Good (Kathryn Fraser MacKay Memorial Lecture)	St. Lawrence University.
2000	Rival Aristotles: 1. Aristotle Against Some Renaissance Aristotelians, 2. Aristotle Against Some Modern Aristotelians (Brian O'Neill Memorial Lecture in the History of Philosophy, 1997/1998)	Department of Philosophy, University of New Mexico, Albuquerque.

Año	Nombre del artículo	Referencia
Otros escritos		
1981	*Experimentation in the Law: Report of the Federal Judicial Center Advisory Committee on Experimentation in the Law* (MacIntyre es coautor)	Federal Judice Center 1981.

7. Material audiovisual disponible en internet

Año	Título	Referencia
2009	«2009 Alasdair MacIntyre Newman Lecture PT1» (en la 2009 Annual Newman Lecture)	Catholic Herald [*Catholic Herald* magazine]. (June 16) Recuperado de: https://youtu.be/CfPkHcqiguc
2009	«2009 Alasdair MacIntyre Newman Lecture PT2» (en la 2009 Annual Newman Lecture)	Catholic Herald [*Catholic Herald* magazine]. (June 16) Recuperado de: https://youtu.be/XlQAqfZ46eE
2009	«2009 Alasdair MacIntyre Newman Lecture PT3» (en la 2009 Annual Newman Lecture)	Catholic Herald [*Catholic Herald* magazine]. (June 16) Recuperado de: https://youtu.be/n2d2jEG26u8
2009	«2009 Alasdair MacIntyre Newman Lecture PT4» (en la 2009 Annual Newman Lecture)	Catholic Herald [*Catholic Herald* magazine]. (June 16) Recuperado de: https://youtu.be/tbNiZccSpMA
2009	«2009 Alasdair MacIntyre Newman Lecture PT5» (en la 2009 Annual Newman Lecture)	Catholic Herald [*Catholic Herald* magazine]. (June 16) Recuperado de: https://youtu.be/iOf2VXpILUk
2010	«Alasdair MacIntyre: On Having Survived Academic Moral Philosophy (1 of 4)» (en el congreso de la International Society for MacIntyrean Enquiry celebrado en el University College Dublin, 2009)	[*Eidos84*]. (November 29) Recuperado de: https://youtu.be/ZbmPXXO8jpA
2010	«Alasdair MacIntyre: On Having Survived Academic Moral Philosophy (2 of 4)» (en el congreso de la International Society for MacIntyrean Enquiry celebrado en el University College Dublin, 2009)	[*Eidos84*]. (November 29) Recuperado de: https://youtu.be/7pXotuGeO_4

Año	Título	Referencia
2010	«Alasdair MacIntyre: On Having Survived Academic Moral Philosophy (3 of 4)» (en el congreso de la International Society for MacIntyrean Enquiry celebrado en el University College Dublin, 2009)	[*Eidos84*]. (November 29) Recuperado de: https://youtu.be/LzYm3tqmiKk
2010	«Alasdair MacIntyre: On Having Survived Academic Moral Philosophy (4 of 4)» (en el congreso de la International Society for MacIntyrean Enquiry celebrado en el University College Dublin, 2009)	[*Eidos84*]. (November 29) Recuperado de: https://youtu.be/Hbs4MjHWh8A
2012	«Civitas Dei Medallion Award - Villanova University» (Lecture de MacIntyre con motivo de haber recibido la «Civitas Dei Medal», de la Villanova University)	Villanova University [*villanovauniversity*]. (November 6) Recuperado de: https://youtu.be/PYzvd3d4LV4
2012	«Alasdair MacIntyre - End and Endings» (Lecture en The Catholic University of America, 2009)	[*SonytoBratsoni*]. (December 2) Recuperado de: https://youtu.be/2fURsunj61Y
2013	«"Author Meets Critic Panel: Catholicism and American Freedom: A History" a panel by John McGreevey, Alasdair MacIntyre, and Mich[ael Baxter]» (en la «2003 Fall Conference: "Formation and Renewal"»)	Notre Dame Center for Ethics and Culture [*ND Center For Ethics and Culture*]. (August 11) Recuperado de: https://vimeo.com/14059427
2013	«A Culture of Death» (en la «2000 Fall Conference: "A Culture of Death"»)	Notre Dame Center for Ethics and Culture [*N.D. Center For Ethics and Culture*]. (June 10) Recuperado de: https://youtu.be/gUQaOktazVs
2013	«Pain, Grief, and Other Signs of Life» (en la «2001 Fall Conference: "A Culture of Life"»)	Notre Dame Center for Ethics and Culture [*N.D. Center For Ethics and Culture*]. (June 11) Recuperado de: https://youtu.be/TOTpu9pPn1Y
2014	«Catholic Instead of What?» (en la «2012 Fall Conference: "The Crowning Glory of the Virtues: Exploring the Many Facets of Justice"»)	Notre Dame Center for Ethics and Culture [*N.D. Center For Ethics and Culture*]. (August 22) Recuperado de: https://youtu.be/TXpjzulHsuA
2014	«"What the Natural Sciences Do Not Explain"» (en la «2013 Fall Conference: "Fearfully and Wonderfully Made: The Body and Human Identity"»)	Notre Dame Center for Ethics and Culture [*N.D. Center For Ethics and Culture*]. (August 29) Recuperado de: https://youtu.be/MZ_rHV2KTPY

Año	Título	Referencia
2014	«God, Philosophy, and Universities» (Coloquio sobre *God, Philosophy, and Universities*, con motivo del décimo aniversario del Notre Dame Center for Ethics and Culture)	Notre Dame Center for Ethics and Culture [*N.D. Center For Ethics and Culture*]. (September 10) Recuperado de: https://youtu.be/mCwKdkW6-lw
2014	«On Being a Theistic Philosopher in a Secularized Culture» (en la «2011 Fall Conference: "Radical Emancipation: Confronting the Challenge of Secularism"»)	Notre Dame Center for Ethics and Culture [*N.D. Center For Ethics and Culture*]. (September 18) Recuperado de: https://youtu.be/0tm-5JXRXkM
2014	«New Undergraduate Programs at Catholic Universities: Charting a New Course» (en la «2005 Fall Conference: "Joy in the Truth"», con Don Briel)	Notre Dame Center for Ethics and Culture [*N.D. Center For Ethics and Culture*]. (September 24) Recuperado de: https://youtu.be/VimYCsslmE4
2014	«How to Be a European» (en la «2007 Fall Conference: "The Dialogue of Cultures"»)	Notre Dame Center for Ethics and Culture [*N.D. Center For Ethics and Culture*]. (September 24) Recuperado de: https://youtu.be/IkPV2t1zcPY
2014	«What Makes a Painting a Religious Painting?» (en la «2004 Fall Conference: "Epiphanies of Beauty"»)	Notre Dame Center for Ethics and Culture [*N.D. Center For Ethics and Culture*]. (September 25) Recuperado de: https://youtu.be/lH7mSp03mhk
2014	«Heedlessness» (en la «2014 Fall Conference: "Your Light Will Rise in the Darkness: Responding to the Cry of the Poor"»)	Notre Dame Center for Ethics and Culture [*N.D. Center For Ethics and Culture*]. (December 15) Recuperado de: https://youtu.be/ccwTDBMn9Fs
2015	«Alasdair Macintyre - Newman's idea of a university» (en la 2009 Annual Newman Lecture)	Blackfriars Hall [*Blackfriars Hall Videos*]. (November 22) Recuperado de: https://youtu.be/yjEAwzvU7_c
2016	«"The Justification of Coercion and Constraint", Alasdair MacIntyre» (en la «2015 Fall Conference: "For Freedom Set Free"»)	Notre Dame Center for Ethics and Culture [*N.D. Center For Ethics and Culture*]. (March 29) Recuperado de: https://youtu.be/FUorkiiXGkc

Año	Título	Referencia
2016	«Poetic Imaginations, Catholic and Otherwise - Alasdair MacIntyre» (en la «2016 Fall Conference: "You Are Beauty: Exploring the Catholic Imagination"»)	Notre Dame Center for Ethics and Culture [*N.D. Center For Ethics and Culture*]. (November 29) Recuperado de: https://youtu.be/P-s2zQgxux8
2017	«Keynote: Common Goods, Frequent Evils by Alasdair MacIntyre» (en el congreso «The Common Good as a Common Project», 2017)	Nanovic Institute [*NanovicND*]. (April 25) Recuperado de: https://youtu.be/9nx0Kvb5U04

Capítulo 2

Vulnerabilidad, dependencia y la *justa generosidad*: recuperación de la vida virtuosa en la modernidad según Alasdair MacIntyre[1]

Jorge Martín Montoya Camacho

1. Introducción

La condición humana está marcada por una serie de características fundamentales que definen la experiencia vital y la praxis ética. Entre ellas, la vulnerabilidad y la dependencia han ocupado un lugar central en la reflexión ética de Alasdair MacIntyre, cuyas profundas raíces antropológicas hunden el tronco en la tradición aristotélico-tomista. La tesis de MacIntyre, expuesta de manera clara en *Animales racionales y dependientes: por qué los seres humanos*

---

1. Este escrito tiene como base original la ponencia «Vulnerabilidad, dependencia y "justa generosidad": recuperación de la vida virtuosa en la sociedad actual según Alasdair MacIntyre», realizada en el Ateneo Jovellanos (Gijón, España) los días 10 y 11 de abril de 2025. La versión definitiva del capítulo que aquí se presenta fue desarrollada posteriormente durante una estancia de investigación de tres meses: *Neo-Aristotelian Theories of Ethics and Human Action* llevada a cabo entre mayo y julio del 2025 en el *Department of Philosophy, College of Liberal Arts*, de la *University of Texas*, en Austin, Estados Unidos. Agradezco al profesor Patricio Fernández (*University of Texas* at Austin) por su invitación a este período de investigación, y por sus consejos en la elaboración final de estos argumentos filosóficos.

necesitamos las virtudes[2], sostiene que la vulnerabilidad inherente a la existencia humana —manifestada a través del envejecimiento, la enfermedad y la ineludible proximidad de la muerte— debe constituir el punto de partida para una ética genuinamente basada en la virtud y en la reciprocidad humanas.

Partiendo de esta constatación, surge el concepto de *justa generosidad*, que no se limita a un mero acto de dar o ayudar, sino que articula socialmente una serie de virtudes y hace posible, en medio de los debates éticos de la modernidad, la integración del cuidado personal con el cuidado de los otros, reivindicando simultáneamente dimensiones tan esenciales como la amistad, la justicia y la misericordia.

En este capítulo, nos proponemos explorar en profundidad la interrelación existente entre la vulnerabilidad, la dependencia y la *justa generosidad*, fundamentando el análisis en las ideas de Alasdair MacIntyre y estableciendo puentes críticos con dos grandes corrientes históricas del pensamiento: la tradición cristiana, especialmente a través de Tomás de Aquino, y la ética de la amistad de Aristóteles, con especial atención a los libros VIII y XI de la *Ética a Nicómaco*. Más aún, partimos del diagnóstico de una sociedad contemporánea que, en numerosas ocasiones, ha perdido de vista estos principios fundamentales por influjo de planteamientos epistemológicos y morales que cuestionan o vacían de contenido la centralidad de la virtud. Tales planteamientos han desembocado en posturas que, habiendo distorsionado nuestra manera de conocer (gnoseología), han recortado la forma en la que concebimos al ser humano (antropología) y, finalmente, han derivado en concepciones éticas incapaces de responder de manera satisfactoria a la pregunta fundamental de cómo debemos convivir con los demás.

---

2. *Vid.* MacIntyre, A., *Animales racionales y dependientes: por qué los seres humanos necesitamos las virtudes*, Barcelona: Paidós, 2001.

Para ello, abordaremos en primer lugar algunos de los fundamentos teóricos de la filosofía de MacIntyre, a fin de comprender su diagnóstico sobre la ética contemporánea. Posteriormente, nos adentraremos en el estudio de la vulnerabilidad y la dependencia, entendidas como rasgos universales y esenciales de la condición humana, y examinaremos cómo estas dimensiones pueden convertirse en ejes de una nueva articulación ética. A continuación, expondremos en detalle el concepto de *justa generosidad*, mostrando la necesidad de integrar las dimensiones de la amistad, la justicia y la misericordia en un marco ético renovado: el de la filosofía moral contemporánea, dividida hoy entre quienes siguen los planteamientos del filósofo David Hume, basados en la simpatía y la antipatía, y quienes buscan en la postura kantiana del deber los fundamentos de la vida moral[3]. Finalmente, a lo largo de todo el texto, destacaremos las implicaciones de la visión de MacIntyre para la transformación ética de la sociedad contemporánea, donde la educación moral y el cuidado del otro aparecen como ejes

---

3. *Vid.* Hume, D., *A treatise of human nature*, L. A. Selby-Bigge (ed.), Oxford: Clarendon Press, 1888; Ídem, *An enquiry concerning the principles of morals*, Oxford: Oxford University Press, 2007; Kant, I., *Fundamentación de la metafísica de las costumbres*, Madrid: Editorial Tecnos, 2005; Madigan, A., S. J., *Éticas aristotélicas contemporáneas: Alasdair MacIntyre, Martha Nussbaum, Robert Spaemann*, Pamplona: EUNSA, 2025. MacIntyre sostiene que tanto la ética humiana como la kantiana derivan de un fallo ilustrado al rechazar la teleología aristotélica. Mientras los planteamientos que derivan de Hume reducen la moral a los sentimientos, sin fundamento racional, las propuestas que han surgido desde la aparición de Kant terminan por convertir la moral en un formalismo de deber vacío, con máximas universales desprovistas de contenidos sustantivos. Desde lo que indica el propio MacIntyre, solo la ética teleológica de la virtud recupera la coherencia y la finalidad humana, y en esta recuperación la vulnerabilidad corporal es muy importante, considerando además que el propio MacIntyre habla del ser humano como una «mente encarnada». Para esto último, cfr. MacIntyre, A., «What is a human body», en *The tasks of philosophy: selected essays*, Cambridge: Cambridge University Press, 2006, p. 87.

cruciales para la recuperación de la vida virtuosa, de un modo eminentemente práctico.

En efecto, aspiramos a que este planteamiento no se mantenga en un plano meramente teórico: la presente reflexión propone avanzar hacia el establecimiento de una sociedad política, y de una cultura, que reconozca la vulnerabilidad y la dependencia como partes integrales de la naturaleza humana. De esta manera será posible promover un nuevo *ethos* en el que la *justa generosidad* será capaz de configurar un espacio de convivencia más humano, inclusivo y éticamente comprometido con la virtud tal como la concibe la tradición aristotélico-tomista. La vulnerabilidad y la dependencia, en este sentido, no son meras categorías abstractas, sino realidades que todos los individuos experimentan en algún momento de su vida y de manera impredecible. Por ello, la invitación a la que llaman estas líneas consiste en repensar colectivamente el bien común en términos que sitúen, en el centro de la deliberación ética, la realidad y la dignidad de aquellos que más requieren del cuidado y la reciprocidad. Y, en este empeño, hacemos propias las palabras de MacIntyre cuando afirma:

> Mi intención es imaginar una sociedad política que parta del hecho de que la discapacidad y la dependencia es algo que todos los individuos experimentan en algún momento de su vida y de manera impredecible, por lo que el interés de que las necesidades que padecen las personas discapacitadas sean adecuadamente expresadas y atendidas no es un interés particular, no es el interés de un grupo específico de individuos concretos y no de otros, sino que es el interés de la sociedad política entera y esencial en su concepto del bien común[4].

Con esta perspectiva como telón de fondo, emprendemos de manera sintética un recorrido similar al que ha llevado a cabo Ma-

---

4. MACINTYRE, A., *Animales racionales y dependientes...*, p. 154.

cIntyre hacia el esclarecimiento de cómo la *justa generosidad* puede erigirse en faro orientador de nuestras prácticas éticas y políticas hacia el bien común[5].

2. La filosofía de Alasdair MacIntyre y la ética de la virtud aristotélica

2.1. *La crítica al emotivismo en el marco de la interpretación aristotélica-tomista del deseo de felicidad*

Alasdair MacIntyre, uno de los filósofos más influyentes de la ética contemporánea, centra gran parte de su diagnóstico en la crítica profunda al emotivismo, una posición que reduce los juicios morales a meras expresiones de sentimientos, actitudes o preferencias individuales sin un fundamento racional robusto[6]. En su obra *Tras la virtud*[7], MacIntyre describe cómo la modernidad ha perdido la capacidad de sostener una narrativa ética coherente, desembocando en un relativismo moral que mina la posibilidad de deliberar y actuar en función del bien común. Para MacIntyre, esta pérdida de un horizonte teleológico en la moral conduce a un estado de incertidumbre permanente en el que ya no sabemos por qué ni para qué actuamos, más allá de obtener un mayor poder de persuasión o de comodidades inmediatas.

Cuando MacIntyre se refiere al emotivismo, lo hace para exponer cómo dicha postura subordina los juicios morales a la subjetividad:

---

5. Cfr. Ídem, «Politics, Philosophy and the Common Good», en *The MacIntyre reader*, K. Knight (ed.), Notre Dame: Notre Dame University Press, 1998, p. 241.
6. Cfr. Ídem, *Ethics in conflict of modernity: an essay on desire, practical reasoning and narrative*, Cambridge: Cambridge University Press, 2016, pp. 17-20.
7. *Vid.* Ídem., *Tras la virtud*, Barcelona: Crítica, 1987.

Por cultura moral emotivista entiendo una forma de cultura en la que quienes hacen afirmaciones morales creen que están apelando a algún tipo de norma moral independiente de sus propias preferencias y sentimientos, aun cuando, de hecho, no exista el tipo concreto de norma moral a la que están apelando y, por consiguiente, se limitan exclusivamente a expresar sus propias experiencias y sentimientos de forma enmascarada[8].

Esta descripción deja al descubierto la paradoja central del emotivismo: pretende hablar de normas universales, pero reduce la ética a un mero despliegue de gustos personales. Junto con esto, MacIntyre añade que el emotivismo sustituye el juicio ético por una especie de «combate entre deseos»:

¿Cuál es la clave del contenido social del emotivismo? De hecho, el emotivismo entraña dejar de lado cualquier distinción auténtica entre relaciones sociales manipuladoras y no manipuladoras [...]. Los juicios de valor en el fondo no pueden ser tomados sino como expresiones de mis propios sentimientos y actitudes, tendentes a transformar los sentimientos y actitudes de otros. No puedo apelar en verdad a criterios impersonales, porque no existen criterios impersonales. Yo puedo creer que lo hago y quizá otros crean que lo hago, pero tales pensamientos siempre estarán equivocados. La única realidad que distingue el discurso moral es la tentativa de una voluntad de poner de su lado las actitudes, sentimientos, preferencias y elecciones de otro. Los otros son siempre medios, nunca fines[9].

Este diagnóstico señala, por tanto, que en una cultura moral emotivista, la deliberación ética se ve reemplazada por un continuo intento de manipulación, pues si no hay criterios impersonales, todo se reduce a quién logra movilizar más emociones o adhesiones subjetivas.

___

8. Yepes Stork, R., «Después de *Tras la virtud*: entrevista a Alasdair MacIntyre», *Atlántida*, 4 (1990), p. 90 (traducción de José Luis del Barco).
9. MacIntyre, A., *Tras la virtud...*, pp. 40-41.

Frente a esta deriva, MacIntyre rescata la visión teleológica aristotélica y tomista del deseo de felicidad (εὐδαιμονία). En efecto, para Aristóteles, como queda expuesto en la *Ética a Nicómaco* I, 7 (1097 a 16-19), «el bien que buscamos parece distinto en cada arte y actividad: en la medicina, otro; en la estrategia, otro; y así sucesivamente». Pero esta diversidad de bienes, si bien se difracta en ámbitos particulares, converge en un bien supremo que organiza todos los demás, pues todo agente humano aspira a algún bien. La parte sustantiva de la ética aristotélica consiste precisamente en indagar cuál es el bien propio del ser humano, aquel que condiciona y armoniza la escala entera de deseos. El propio Estagirita lo expresa del siguiente modo:

> Así como en la flauta o la escultura el fin se denomina buena ejecución o victoria, o bien en la medicina es la salud, así en el hombre ha de haber un fin propio y un bien, si el hombre tiene alguna función distintiva aparte de las de sus miembros; y esta función debe ser su actividad del alma conforme a la razón, o bien no sólo conforme a la razón sino a la mejor parte de la razón[10].

Tras esta exposición, Aristóteles concluye que la actividad contemplativa —la *bios theōrētikos*— es la forma más perfecta de vida porque pone en uso la parte más elevada de nuestra racionalidad, se realiza constantemente y se acompaña de un placer verdaderamente estable. Este placer no es meramente sensible: el placer que se aferra a la actividad contemplativa enriquece el alma y no la sumerge en una búsqueda ciega de gratificaciones pasajeras.

Esta serie de ideas es retomada por Alasdair MacIntyre en su crítica al emotivismo de la modernidad. Para el filósofo británico, esta última no solo suprime el sentido teleológico de la vida

---

10. ARISTÓTELES, *Ética a Nicómaco*, Madrid: Centro de Estudios Constitucionales, 1981, I, 7, 1097 b 24-34.

humana, sino que lleva a un retroceso de la moral al nivel de lo reactivo, y esto a una escala social. Por esto MacIntyre indica: «Quien perciba que lo que se considera una apelación a normas independientes no es en realidad más que la expresión disfrazada de preferencias individuales, pero siga actuando como si no fuera así, estaría contribuyendo a sostener una moralidad fragmentada de "decepción institucionalizada"»[11]. En otras palabras, la moral emotivista no solo falsea nuestra percepción de la norma, sino que institucionaliza el autoengaño, al presentarlo como si fuera un imperativo moral genuino.

Así pues, la recuperación de la ética teleológica, inspirada en Aristóteles y Tomás de Aquino, se entiende como un revulsivo para recuperar el sentido de los fines (τέλος). En este marco, la humanidad no persigue arbitrariamente placeres inmediatos, sino que se dirige —de manera gradual y concatenada— hacia un bien supremo que trasciende la mera satisfacción de apetitos, un bien que podemos designar como la felicidad perfecta. Este fin último, a su vez, implica reconocer que los bienes accesibles en planos inferiores tienen valor solo en la medida en que conducen a la perfección moral del ser humano.

Finalmente, MacIntyre propone un puente entre la tradición aristotélica-tomista y la praxis moral contemporánea: el reconocimiento de la vulnerabilidad y la dependencia como condiciones ineludibles de la existencia humana. En su juicio, cuando entendemos que somos *animales racionales y dependientes*, podemos construir una visión más íntegra de la moral, donde la virtud deja de ser vista como un catálogo abstracto de hábitos y se convierte en un modo de vida que destila atención, cuidado y reciprocidad. Así, al comprender nuestra propia precariedad, encontramos las razones para ejercitar una ética orientada no únicamente a la satisfac-

---

11. Yepes Stork, R., «Después de *Tras la virtud…*», p. 90.

ción individual, sino a la comunión de bienes entre los miembros de una comunidad política.

2.2. La vulnerabilidad, la dependencia y los fundamentos de su problemática con el emotivismo contemporáneo

En la obra de Alasdair MacIntyre, la condición humana es, por su propia naturaleza, vulnerable y dependiente. Nadie puede pretender vivir al margen de esta fragilidad, pues cada individuo, en algún momento de su existencia, enfrentará episodios de debilidad —sea por enfermedad, envejecimiento, discapacidad o situación extrema— que ponen de manifiesto la necesidad intrínseca de cuidado y apoyo por parte de otros. Esta concepción rompe con la idea moderna del sujeto autosuficiente e independiente, enfatizando en cambio la interconexión y la mutua ayuda entre seres humanos, que constituyen nuestra experiencia común.

Desde esta perspectiva, la tesis central de *Animales racionales y dependientes* puede enunciarse de la siguiente manera: la vulnerabilidad y la dependencia son características universales que deben reconocerse como fundamentos de la ética y la política[12]. De acuerdo con este punto de vista, la bondad y la realización personal no se alcanzan a través del mero individualismo ni de la acumulación de bienes materiales, sino a través del ejercicio de virtudes que proliferan precisamente en el entramado de relaciones de dar y recibir. Es en este entramado donde se articula la *justa generosidad*, expresión de un adecuado equilibrio entre querer dar

---

12. Cfr. MacIntyre, A., *Animales racionales y dependientes...*, pp. 183-195; Montoya Camacho, J. M., Giménez Amaya, J. M., *Corporalidad, tecnología y deseo de salvación: apuntes para una antropología de la vulnerabilidad*, Madrid: Dykinson, 2024, pp. 23-47; Galindo Cruz, P., *La vulnerabilidad como origen de la obligación política*, Pamplona: EUNSA, 2024, pp. 89-179.

y saber recibir, unidas ambas acciones por la condición vulnerable que comparten emisor y receptor.

Sin embargo, para MacIntyre, la *justa generosidad* no representa una simple vuelta al *ethos* de la polis aristotélica, ni un nostálgico rescate de la comunidad antigua: se entiende que la narrativa histórica tiene toda la fuerza de una evidencia, permitiéndonos ver que no vivimos en la Grecia clásica ni en la Europa medieval.

Por esto, aún cuestionando los fundamentos filosóficos de la modernidad, nuestra reflexión filosófica contemporánea debe incorporar los efectos que dicha modernidad, especialmente desde la Ilustración, ha tenido sobre la ética, la antropología y la gnoseología. Si la modernidad ha alterado nuestra manera de conocer (por el auge del empirismo y el cientificismo), y con ello ha forjado un concepto de sujeto humano determinado por un individualismo radical, ha de quedar claro que no podemos simplemente reproducir las soluciones antiguas. Antes bien, se impone el camino inverso: volver de la ética a la antropología y de la antropología a la gnoseología, de modo que recuperemos la integralidad de la experiencia humana en su dimensión vulnerable.

Para acotar este diagnóstico, cabe preguntarse: ¿qué nos ha dejado la modernidad, y cómo ha afectado a nuestra manera de entender la vulnerabilidad y la dependencia? Las siguientes características nos puede ayudar a comprender dicho legado[13].

1. El avance del empirismo que ha despojado al sujeto humano de un horizonte teleológico, reduciendo la investigación al estudio de hechos observables y cuantificables. En este proceso, se ha ido ocultando la dimensión teleológica que permite situar las acciones humanas en función de un fin

---

13. Para profundizar en dichas características: cfr. Montoya Camacho, J. M., Giménez Amaya, J.M., *Encubrimiento y verdad: algunos rasgos diagnósticos de la sociedad actual*, Pamplona: EUNSA, 2025, pp. 31-97.

último, pues lo único admisible es lo que puede medirse o comprobarse empíricamente.

2. La exaltación del progreso tecnológico que coloca en el centro de la historia al desarrollo de la ciencia y la tecnología, configurando un proyecto de sociedad en el que todo se subordina a la eficiencia, la optimización y la innovación. En este escenario, la vulnerabilidad se presenta como un obstáculo a superar con recursos técnicos, y la dependencia se interpreta como una falla que debe minimizase, prácticamente como un estorbo para el sujeto «autónomo».

3. La velocidad exponencial de los cambios culturales que acelera los procesos de transformación social, evitando la consolidación de hábitos virtuosos. Cuando la instauración de nuevas costumbres se acelera, la lente de la prudencia se ve desplazada, y la acción se rige más por impulsos inmediatos que por reflexiones de largo plazo.

4. La idea de libertad entendida como valor supremo que proyecta la noción de autonomía individual como si fuera compatible con cualquier tipo de vida, sin advertir que una libertad desligada de la responsabilidad hacia el otro puede convertirse en licencia para la indiferencia.

5. El abandono de la idea de «vida» como bien en sí mismo, que lleva a olvidar el entendimiento de dicha vida como un fin natural, pasando a ser un mero recurso manipulable, susceptible de ser instrumentalizada por quienes tienen el poder técnico.

6. El encubrimiento de los fines racionales de la voluntad. Nos referimos a fines que deberían anclarse en la naturaleza humana, pero que encuentran en la modernidad el único asidero de las inclinaciones afectivas, volviendo el ámbito moral inapropiado para la discusión pública y relegándolo a instancias privadas e inefectivas.

Estas características han provocado que vivamos en una sociedad en la que se concentran las siguientes tres notas sobre la libertad, la verdad y la acción humana:

i.   Se difunde una idea de libertad que, desconectada de toda solidaridad, se erige como valor máximo para cada individuo.

ii. Se promueve un progreso que somete la vida y la verdad a la lógica instrumental y a la ley de la eficiencia, dejando de lado la dignidad propia de la existencia.

iii. Se encubre la finalidad natural de la acción humana, de modo que el único horizonte plausible es el de la satisfacción de deseos inmediatos, con una escala de valores dictada por el mercado y la moda.

Frente a este panorama, reconocer la vulnerabilidad no debe constituir un motivo de resignación, sino un primer sentido que orienta nuestras acciones morales hacia fines naturales. Los momentos de mayor dependencia —enfermedades graves, discapacidad, vejez— abren la posibilidad de ejercitar virtudes (como la paciencia, la fortaleza, la esperanza, la solidaridad) y, a la vez, de redescubrir el valor de la gratuidad y de la donación sincera. Así, la responsabilidad por la vulnerabilidad del otro se erige en un pilar esencial de unas redes sociales comprometidas con el *bien común*, entendido este no como un agregado de intereses individuales, sino como el horizonte unificador de la acción política[14].

En definitiva, entender la vulnerabilidad no como un déficit a ocultar, sino como una puerta de acceso a lo ético, conduce a

---

14. Cfr. MacIntyre, A., *Animales racionales y dependientes...*, pp. 165-171; Montoya Camacho, J. M., Giménez Amaya, J.M., «La virtud de la "justa generosidad" en las relaciones sociales según Alasdair MacIntyre», en *La política del bien común en MacIntyre*, J. de la Torre, M. Loria y L. Nontol (eds.), Madrid: Dykinson, 2025, pp. 139-154.

transformar la dependencia en una especie de nuevo imperativo moral[15]. Así, los momentos en que la dependencia se hace más patente no son vistos únicamente como episodios de pérdida o debilidad, sino como oportunidades para el ejercicio y la consolidación de virtudes.

En ese sentido, tal como veremos con mayor profundidad más adelante, el reconocimiento de la vulnerabilidad adquiere una doble dimensión: es simultáneamente (a) un hecho empírico y biológico, y (b) una necesidad moral que demanda el cultivo de relaciones fundamentadas en el cuidado mutuo y en la reciprocidad[16]. Solo así la vulnerabilidad se convierte en puerta de entrada a una praxis ética que, lejos de reducirse a la mera expresión sentimental, se articula como un plan de acción en favor del bienestar integral del otro y de la sociedad.

3. Vulnerabilidad y dependencia en la vida humana

3.1. Una condición antropológica universal

La noción de vulnerabilidad resulta fundamental para comprender la condición humana en su totalidad. Todos los seres humanos, sin excepción, comparten una naturaleza que los hace propensos a situaciones de fragilidad y necesidad. Estas condiciones pueden manifestarse de múltiples formas: enfermedades crónicas, accidentes, envejecimiento, crisis económicas, conflictos sociales e,

---

15. Cfr. MONTOYA CAMACHO, J. M., «Trascendentales metafísicos, teleología y vulnerabilidad: complementariedad antropológica de dos versiones de la unidad vital de los fines de la acción humana», *Conocimiento y acción*, 6 (2025), pp. 1-23. DOI: *https://doi.org/10.21555/cya.2025.3320.*

16. *Vid.* LOMBO, J. A., GIMÉNEZ AMAYA, J. M., *Biología y racionalidad: el carácter distintivo del cuerpo humano*, Pamplona: EUNSA, 2016.

incluso, en circunstancias más sutiles como la pérdida de sueños, proyectos truncados o rupturas emocionales profundas. En todas estas situaciones la vulnerabilidad se revela como la expresión de nuestra finitud, es decir, de la imposibilidad de control total sobre nuestra existencia.

Aceptando esta realidad, es posible afirmar que la filosofía de Alasdair MacIntyre establece una ruptura con las concepciones del sujeto autónomo e inmutable que han predominado en ciertos discursos de la modernidad. La idea de un individuo autosuficiente, que no necesita de otros más que para ratificar su independencia, contrasta frontalmente con la evidencia de que todos necesitamos del cuidado ajeno en algún momento de la vida. Así, la vulnerabilidad, lejos de ser una contingencia negativa, se convierte en punto de partida para la ética: al reconocer la fragilidad de nuestro cuerpo y de nuestras circunstancias, aprendemos a valorar la generosidad y la atención de quienes nos rodean[17].

En la ponderación de este entramado de experiencias, el concepto de *intencionalidad corpórea* constituye una categoría clave en este planteamiento: el cuerpo ya no es visto como un mero instrumento funcional, sino como la sede de una experiencia vital que informa la conciencia de nuestras limitaciones[18]. Por ejemplo, el deterioro físico que ocurre con la vejez no es solo un proceso objetivo, sino que despierta reflexiones profundas sobre la identidad, el sentido del dolor y la interdependencia con los cuidadores. De esa manera, la vulnerabilidad se transforma en una experiencia antropológica que forja nuestra comprensión de la vida y de los lazos que nos unen.

Este enfoque antropológico subraya que la vulnerabilidad no es una falla o un defecto, sino una condición esencial que nos

---

17. Cfr. Montoya Camacho, J. M., Giménez Amaya, J.M., *Corporalidad, tecnología y deseo de salvación...*, pp. 23-47.
18. Cfr. *Ibid.*

conecta a la comunidad: no es posible aislarnos de los intereses ajenos sin renunciar a lo más propio de nuestra naturaleza. En la medida en que todos necesitamos del cuidado de otra persona, se crea un marco ético en el que el acto de cuidar y el acto de ser cuidado se elevan a una dimensión moral por medio de la vida virtuosa. La vulnerabilidad actúa, así, como un nivel unificador que posibilita el diálogo y la solidaridad en la construcción del *bien común.*

3.2. El enfoque teleológico de la vulnerabilidad

El pensamiento macinteriano, tras lo indicado hasta este punto, se complementa por tanto con un planteamiento teleológico que integra los fines últimos de la vida humana en el análisis de la vulnerabilidad y la dependencia. Siguiendo a Aristóteles, la perspectiva del filósofo moral británico establece que los momentos de dependencia y de necesidad no se reducen a pérdidas de autonomía, sino que tienen un valor teleológico: muestran que estamos orientados a fines superiores a los apetitos meramente sensibles[19].

Desde esta forma, los episodios de mayor fragilidad —enfermedades prolongadas, situaciones que nos obligan a depender de la atención de otros— no deben ser considerados únicamente como episodios de pérdida, sino como oportunidades para el ejercicio y la consolidación de virtudes dinámicas. El acto de cuidar y el acto de ser cuidado forman parte de una praxis virtuosa que remite a la consecución de un estado de felicidad plena, entendida no como un bienestar puramente subjetivo, sino como la realización del potencial humano en todas sus dimensiones.

---

19. Cfr. ARISTÓTELES, *Ética a Nicómaco*, VIII, 1, 1155a 1 – 1156b 30; ÍDEM, *Política*, Madrid: Centro de Estudios Constitucionales, 1970, VIII, 3, 1338a 13-20; III, 5, 1278a – 1278b; ÍDEM, *Metafísica*, Madrid: Gredos, 1994, V, 4, 1014b 15-20; ÍDEM, *Acerca del alma*, Madrid: Gredos, 2014, I, 1, 402a 1-10; I, 2, 405b 10-15; I, 3, 406b 25; II, 2, 414a 10-30; II, 4, 415b 5-10; II, 4, 417b 10-15.

El acto de cuidar encarna, en este enfoque, una visión que va más allá del simple sentimentalismo: se articula como un ejercicio consciente y deliberado de la voluntad, un plan moral que persigue el bien del otro en su complejidad. A su vez, el acto de ser cuidado deja de ser un signo de debilidad para asumirse como una oportunidad de aprendizaje y de cultivo de la gratitud, la humildad y la responsabilidad moral. La relación entre quien brinda cuidado y quien lo recibe —ya sea un hijo pequeño, una persona enferma, un anciano o un pariente con discapacidad— se convierte en lugar privilegiado para la formación y el ejercicio de virtudes: la fortaleza, la paciencia, la compasión, la justicia y la amistad verdadera.

De este modo, tal como hemos indicado antes, la consideración de la vulnerabilidad adquiere su doble dimensión. La primera es la dimensión epistemológica y biológica: es un dato de nuestra experiencia contingente, de la fragilidad de nuestro cuerpo y de nuestra vida en un entorno finito. La segunda dimensión se relaciona con lo normativo y lo ético: la vulnerabilidad puede presentarse con una fuerza de necesidad moral tal que haga que el sujeto se vea interpelado al cultivo de relaciones basadas en el cuidado mutuo y en la reciprocidad, exigiendo la reorientación de sus acciones hacia el bienestar integral del otro.

Por tanto, la transición de la vulnerabilidad como mero dato empírico a una necesidad moral depende de recuperar una visión teleológica de la existencia, donde la dependencia no es un estorbo, sino un motor de la virtud, con profundas raíces metafísicas, antropológicas y éticas[20]. Esta transformación implica repensar la manera en que organizamos nuestras instituciones: la salud, la educación, las redes de apoyo social y el sistema político deben

---

20. Cfr. MONTOYA CAMACHO, J. M., «Trascendentales metafísicos, teleología y vulnerabilidad…», pp. 2-8; MONTOYA CAMACHO, J. M., GIMÉNEZ AMAYA, J.M., *Corporalidad, tecnología y deseo de salvación…*, pp. 110-134.

diseñarse para favorecer la reciprocidad y el reconocimiento de la dignidad ajena. Aquellos momentos en que nos hallamos más indefensos adquieren así un valor formativo de gran valor moral, pues nos enseñan a ver nuestra fragilidad como parte constitutiva de la condición humana y a forjar los lazos de solidaridad que otorgan sentido a la vida en comunidad.

3.3. La dependencia en la virtud moral como motor de la reciprocidad ética

La dependencia, tras todo lo indicado, al ser entendida como una profunda necesidad intersubjetiva de apoyo y cuidado, no debe comprenderse como un estado de pasividad o a una mera condición que haga alusión de modo parcial a lo que venimos entendiendo con la idea de «vulnerabilidad»[21]. Precisamente en la dependencia se configura el tejido de la solidaridad y de la reciprocidad ética. Todo acto de recibir cuidado es una oportunidad para el crecimiento moral en la virtud: la persona dependiente aprende a reconocer sus limitaciones, a agradecer las atenciones recibidas y a asumir una responsabilidad recíproca que potencia la gratitud y el crecimiento de sus virtudes sociales. De esta manera, quien recibe cuidado se convierte también en actor activo de la virtud, pues la reciprocidad ética no se mueve en un solo sentido: tanto se da cuidando como cuando se recibe. Así, el reconocimiento de que

---

21. En este sentido, Pablo Galindo Cruz subraya la importancia de distinguir, por un lado, los estudios sociológicos sobre la vulnerabilidad en sus variados sentidos y según diversas perspectivas sociales (lo que podríamos llamar «vulnerabilidades»); y, por otro lado, el estudio que se realiza de este concepto desde la filosofía (lo que consideramos como «vulnerabilidad»). Por supuesto, esta distinción, y la relación entre ambos campos de estudio, se sostiene sobre la base de las discusiones contemporáneas acerca de las diferencias —y relaciones— entre la sociología y la filosofía. Cfr. GALINDO CRUZ, P., *La vulnerabilidad como origen de la obligación política*..., pp. 43-87.

la dependencia puede transformarse en un aporte ético es una de las contribuciones centrales de MacIntyre.

En efecto, en la narrativa de *Animales racionales y dependientes*, las personas en situaciones de dependencia no son reducidas a meros objetos de asistencia, sino consideradas sujetos que, gracias a su condición, posibilitan el desarrollo de virtudes en quienes los rodean[22]. El aprendizaje de la humildad, la empatía y la gratitud se forja en el contacto con la fragilidad ajena: quien cuida se ve obligado a reconocer que el cuidado no es un lujo, sino una necesidad ética[23]. De esta manera, la dependencia se erige no como un obstáculo, sino como un impulso moral que invita a forjar una sociedad virtuosa. Así, en la intersección de la vulnerabilidad y la dependencia surge la posibilidad de practicar la *justa generosidad*, entendida como la disposición ética a cuidar del otro con justicia, gratitud y reconocimiento mutuo. La dependencia, por tanto, se presenta como un gestor de la reciprocidad del siguiente modo:

- Quien recibe aprende la humildad, la gratitud y la importancia de no ignorar la fragilidad del prójimo.
- Quien ofrece cuidado se ve llamado a ejercitar la compasión, la paciencia y la firme convicción de que el cuidado es un deber compartido, no un acto caritativo o voluntario exento de obligaciones mayores.
- La sociedad, en su conjunto, se enriquece cuando comprende que el valor de la vida humana no se mide por la productividad, sino por la capacidad de formar relaciones virtuosas.

Este enfoque conduce, por tanto, a una práctica ética que rechaza la lógica del individualismo y la competitividad sin restric-

---

22. Cfr. MacIntyre, A., *Animales racionales y dependientes...*, pp. 143-144.
23. Cfr. Montoya Camacho, J. M., Giménez Amaya, J. M., «La virtud de la "justa generosidad" en las relaciones sociales...», pp. 139-154.

ciones —característicos de la modernidad tardía— y privilegia en su lugar una visión relacional, donde cada acto de cuidado se convierte en un aporte decisivo al bien común. Así, la dependencia deja de ser una condición vergonzosa para constituirse en una fuente de lecciones éticas y posibilitar el florecimiento de la *justa generosidad*.

4. La *justa generosidad*: convergencia de justicia, misericordia y amistad

4.1. *Definición y alcance del concepto*

Dentro del marco ético que propone Alasdair MacIntyre, como venimos observando, el concepto de *justa generosidad* se erige como la piedra angular de la recuperación de la vida virtuosa en la sociedad[24]. Este concepto no se limita a la mera acción de dar o ayudar, sino que configura un compromiso moral en el que se integre la responsabilidad, la gratitud y el reconocimiento de la vulnerabilidad compartida, todo con fuertes bases antropológicas y metafísicas[25]. Dar y recibir no son operaciones unilaterales, sino dos caras de una misma moneda: la generosidad justa se expresa en el equilibrio entre la disposición a cuidar de los otros y la capacidad de recibir ayuda cuando nos encontramos en situación frágil[26].

Para precisar su alcance, debemos señalar que la *justa generosidad* implica una actitud de apertura y de reciprocidad, donde cada

24. Cfr. Ídem, «La virtud de la "justa generosidad" en las relaciones sociales...», pp. 139-154.

25. Cfr. Montoya Camacho, J. M., «Trascendentales metafísicos, teleología y vulnerabilidad...», pp. 2-8; Montoya Camacho, J. M., Giménez Amaya, J.M., *Corporalidad, tecnología y deseo de salvación...*, pp. 110-134.

26. Cfr. MacIntyre, A., *Animales racionales y dependientes...*, pp. 119-128.

individuo, al reconocer sus propias limitaciones, se hace consciente de la necesidad de contribuir al bienestar ajeno. Esta generosidad:

1. Trasciende el intercambio material: no se agota en la transferencia de recursos, sino que incluye el tiempo, la cercanía afectiva, la atención personal y el compromiso a largo plazo en la existencia del otro.

2. Requiere justicia: no se trata de una generosidad desmedida que ponga en riesgo la subsistencia propia o la equidad, sino de un dar informado, consciente de las necesidades reales del receptor y de los propios límites.

3. Se enriquece con misericordia: implica compasión ante la fragilidad ajena, sin dejar que ese afecto torne nuestra generosidad en un paternalismo vacío. La misericordia acompaña a la justicia para garantizar que la generosidad no se convierta en condescendencia, sino en un reconocimiento de la dignidad del otro: el que es ayudado no es un simple instrumento de la voluntad del que ayuda.

4. Se fundamenta en la amistad auténtica: la generosidad justa surge en el contexto de relaciones de amistad honesta[27], donde se valora al otro en su singularidad, apreciando sus cualidades y aceptando sus limitaciones, porque ha sido posible la aceptación de las propias características personales.

En suma, la *justa generosidad* puede comprenderse como una práctica virtuosa capaz de integrar la responsabilidad social (justicia), la compasión personal (misericordia) y la capacidad humana relacional en su plenitud (amistad)[28]. De esta articulación surge un marco ético capaz de sustentar el diálogo y la cooperación en

---

27. Cfr. Aristóteles, *Ética a Nicómaco*, VIII, 1, 1155a 1-15; VIII, 3, 1156a 5 – 1156b 30.

28. Cfr. MacIntyre, A., *Animales racionales y dependientes...*, pp. 143-144.

la sociedad, evitando los excesos tanto de un altruismo sin límites como de un egoísmo radical.

4.2. La dimensión de la amistad en la concepción aristotélica de la vida moral

La amistad ocupa un lugar central en la ética aristotélica, y su análisis en los libros VIII y XI de la *Ética a Nicómaco* ofrece una base teórica crucial para comprender la *justa generosidad*. Aristóteles distingue, en primer lugar, entre tres tipos de amistad:

1. Amistad basada en el placer: aquellas relaciones fundadas en el disfrute sensorial mutuo, típicas de la juventud y los encuentros fugaces;

2. Amistad basada en la utilidad: relaciones de conveniencia en las que cada parte obtiene un beneficio práctico de la relación;

3. Amistad verdadera u «honesta»: es la más elevada, pues se basa en el reconocimiento mutuo del valor intrínseco del otro. Los amigos virtuosos desean el bien del otro por su propio bien, y no por el placer que les proporciona o por la utilidad que obtienen.

En el contexto de la *justa generosidad*, la amistad honesta funciona como paradigma de reciprocidad ética. La capacidad de reconocer en el otro su singularidad y dignidad se convierte en la condición indispensable para la práctica auténtica de la generosidad. Cada gesto generoso, cada acto de cuidado, se concibe como una manifestación de una relación de amistad profunda, donde el intercambio se vuelve una experiencia transformadora tanto para quien da como para quien recibe. En palabras de Aristóteles:

> Pues no solo por él mismo preferimos al amigo, sino también por lo que se une a su amistad; porque amamos la virtud que él

tiene, y compartimos la buena acción de aquel amigo que amamos. Y no buscamos al amigo como a un objeto de la relación, sino que lo amamos por sí mismo[29].

La amistad honesta descansa, según Aristóteles, en la mutua benevolencia (*philia*) y la contemplación compartida del bien. En ella, cada amigo desea el bien del otro porque reconoce que en el otro resplandece algo valioso: las cualidades virtuosas que permiten vislumbrar el bien supremo. Y quien no es capaz de ello, termina degradando la amistad a lo meramente útil o placentero.

Así, la amistad virtuosa no es ni un mero acuerdo de utilidad ni una simple afinidad hedonista, sino una conexión profunda que pone en valor al otro en su plenitud. Para MacIntyre, esta visión aristotélica de la amistad constituye la base sobre la que se edifica la *justa generosidad*: solo quien se reconoce como amigo del otro puede ofrecer cuidados y atenciones que no se reduzcan a un acto de mero cumplimiento o de beneficencia vacía o aprovechada frente a las circunstancias del otro, sino a una expresión de reconocimiento de la persona en su pleno sentido.

En la práctica, este paradigma de la amistad honesta invita a cultivar la generosidad en las relaciones cotidianas en: (a) el ámbito familiar, ya que la amistad entre parientes supone cuidarse mutuamente sin que prime la conveniencia ni el cálculo de reciprocidad inmediata, sino la convicción de que todos compartimos una dignidad que trasciende la utilidad; (b) el espacio laboral, puesto que una amistad virtuosa se manifiesta cuando los colegas reconocen en el otro un carácter digno de estima y, a partir de ese reconocimiento, se forjan vínculos de cooperación y ayuda sincera; y, (c) en la esfera política, donde la amistad cívica se traduce en la práctica de la *justa generosidad* cuando cada ciudadano actúa

29. ARISTÓTELES, *Ética a Nicómaco*, VIII, 3, 1156 a 19-23.

por el bien común, no movido por intereses particulares, sino por la conciencia de que todos somos vulnerables y dependientes en distintos grados.

4.3. Justicia y misericordia: la herencia de la tradición cristiana

Integrado con todo lo explicado en el apartado anterior, la ética de MacIntyre incorpora elementos cruciales de la tradición cristiana, especialmente en la relación indisoluble entre justicia y misericordia[30]. Tomás de Aquino, en la tradición escolástica, estableció con rigor que la justicia y la misericordia no pueden separarse sin desvirtuar la naturaleza misma de la virtud[31]. Para el Aquinate, la misericordia no es meramente un sentimiento de compasión, sino una virtud que se orienta a la acción concreta en favor de la dignidad del otro, comprendiendo la fragilidad como un componente inevitable de la existencia humana. De este modo, la justicia, entendida como la atribución correcta de lo debido a cada uno, se enriquece con la misericordia, que introduce la dimensión del perdón, la atención a las necesidades específicas y el reconocimiento de circunstancias atenuantes.

Cuando MacIntyre retoma esta síntesis tomista, enfatiza que la *justa generosidad* requiere un equilibrio entre el imperativo de la equidad y el llamamiento al cuidado compasivo. La justicia, en términos aristotélicos, se orienta hacia la consecución del bien común, redistribuyendo bienes y responsabilidades de forma que cada miembro de la comunidad reciba lo que le corresponde según su dignidad y sus necesidades. La misericordia, por su parte, pone de manifiesto que la verdad de la justicia no se completa

---

30. Cfr. MacIntyre, A., *Animales racionales y dependientes...*, pp. 160-171.
31. Cfr. Tomás de Aquino, *Summa Theologiae*, Torino: Marietti, 1972, I-II, q. 30, a. 3.

sin un corazón dispuesto a percibir las circunstancias particulares que afectan la vida de los más vulnerables. Esta integración permite superar los dualismos que en ocasiones han marcado la ética moderna, separando lo moralmente correcto de lo afectivamente humano[32].

Así, la *justa generosidad* aparece como un puente que conecta: (a) lo racional y lo afectivo tanto en el aspecto de la justicia, como en la misericordia: la justicia como virtud aporta un entramado de fines racionales y afectivos hacia lo que es debido y propio de la naturaleza humana, mientras que la misericordia introduce variables racionales y afectivas derivadas de lo natural en el ser humano, indispensable para no reducir la acción ética a un simple formalismo provocado por la generalización a la que se aboca la justicia; (b) lo universal y lo particular: retomando lo indicado sobre la conexión de lo racional y lo afectivo, la justicia buscará universalizar las necesidades éticas identificadas para todos los individuos, mientras la misericordia adaptará esas normas generales a las situaciones particulares, evitando que la equidad se convierta en ceguera ante la gravedad de la vulnerabilidad de ciertos sujetos[33].

De este modo, la *justa generosidad* no se cierra en un altruismo ingenuo, sino que reconoce límites y establece prioridades: se trata de distribuir bienes, atenciones y afectos de manera que cada persona reciba no solo lo que le corresponde por justicia, sino también lo que necesita por misericordia. Así, si la justicia exige garantizar el acceso a ciertos recursos (salud, educación, seguridad), la misericordia impulsa a atender las circunstancias particulares que la vulnerabilidad de cada individuo requiere, y que se refleja en el

---

32. Cfr. MACINTYRE, A., *Animales racionales y dependientes...*, p. 145; ÍDEM, «What is a human body...», pp. 86-103.

33. Cfr. MONTOYA CAMACHO, J. M., GIMÉNEZ AMAYA, J.M., «La virtud de la "justa generosidad" en las relaciones sociales...», pp. 139-154.

acompañamiento que se pueda ofrecer (por ejemplo, mayores ayudas para personas con enfermedades crónicas o dependientes, etc.). En definitiva, la justicia, sin la misericordia, puede volverse impersonal y fría, mientras que la misericordia, sin la justicia, puede caer en una vana prodigalidad y, en algunos casos, en dependencias exclusivamente afectivas, que no distingue entre necesidades reales y ficticias, ni favorece una distribución razonable de recursos. La *justa generosidad*, en consecuencia, desde la perspectiva de Alasdair MacIntyre, es la expresión conjunta de ambas virtudes, transformando la dependencia en una oportunidad para construir comunidad y forjar una cultura de la reciprocidad. Esta articulación nos revela que el control total de la vida o la creación de una autonomía absoluta no solo es inviable, sino también indeseable, pues niega la posibilidad de fraternidad y solidaridad entre los seres humanos.

5. Propuesta ética y social: hacia una sociedad que abrace la vulnerabilidad

5.1. *Una sociedad política basada en el reconocimiento de la vulnerabilidad*

La idea de una sociedad política fundada en el reconocimiento de la vulnerabilidad implica una propuesta radical que contrasta con el individualismo y la tecnocracia que caracterizan la modernidad tardía[34]. En este modelo, la política deja de ser un mero espacio donde se negocian intereses particulares para convertirse en la escuela del cuidado mutuo, donde la deliberación se organiza

---

34. Cfr. Montoya Camacho, J. M., Giménez Amaya, J.M., *Encubrimiento y verdad*..., pp. 31-135.

en torno a la atención efectiva a las necesidades de aquellos que, en algún momento, se encuentran en situaciones de mayor dependencia y fragilidad.

El planteamiento desde la perspectiva de Alasdair MacIntyre es claro: si todos los miembros de la sociedad experimentan vulnerabilidad y dependencia en algún momento de su existencia, la respuesta a esas circunstancias debe ser colectiva. No se trata de considerar a las personas con discapacidad o en situación de dependencia como un grupo de interés especial, sino de reconocer que sus necesidades forman parte del bien común. Como apunta el propio MacIntyre:

> Cuando se habla en los libros de filosofía moral de los enfermos o de quienes padecen alguna discapacidad, se les trata casi exclusivamente como individuos que pueden ser objetos de benevolencia por parte de agentes morales, quienes aparecen, en cambio como sujetos continua y constantemente racionales, con buena salud, y que no padecen alteración alguna [...]. Se invita a pensar en los «discapacitados» como «ellos» diferentes de «nosotros», como un grupo de personas distintas y no como individuos como nosotros, en cuya situación nos hemos visto alguna vez, o nos vemos ahora o probablemente nos veremos en el futuro[35].

Por tanto, el enfoque que plantea nuestro autor es aquel en que las políticas públicas deben diseñarse integrando el criterio de la vulnerabilidad como eje organizador de la vida social. De este modo:

1. La elaboración de presupuestos no se basaría únicamente en criterios de eficacia económica, sino también en la cuestión de quiénes son los más vulnerables y cómo garantizar su bienestar.

---

35. MacIntyre, A., *Animales racionales y dependientes...*, p. 16.

2. Los entes estatales (salud, educación, asistencia social) priorizarían la creación de redes de apoyo que funcionen de manera interdependiente, evitando la atomización de servicios que fragmenta la atención.

3. Las leyes se redactarían desde el reconocimiento de la vulnerabilidad intrínseca al ser humano, lo cual implicaría, por ejemplo, mecanismos legales de protección reforzada para las personas en situación de dependencia, pero también la promoción de la participación activa de dichos grupos en los procesos de toma de decisiones políticas.

4. La deliberación comunitaria se organizaría en torno a la constitución de comités ciudadanos, mesas locales de diálogo y foros públicos, en los que se dé voz a los más vulnerables, de manera que su experiencia contribuya a la orientación de las políticas de cuidado social.

Este cambio de paradigma exige que la política deje de verse como un mero mecanismo de asignación de recursos para convertirse en la articulación de la reciprocidad. Esto supone también resignificar conceptos como solidaridad (no meramente distribución de recursos, sino cultivo conjunto de un bienestar fundado en la virtud moral), participación (incluyendo a personas con discapacidades en diseño de políticas) y justicia distributiva (reconociendo que la equidad no puede ignorar la vulnerabilidad como factor determinante de acceso a bienes esenciales). Se trata, por tanto, de una visión de la sociedad, y de la ética en general, dirigida a un cuidado integral del ser humano y sus relaciones con los demás.

5.2. El rol de la ética del cuidado en la transformación social

La ética del cuidado, en el marco de los conceptos que venimos desarrollando, se erige como un componente indispensable en la construcción de una sociedad basada en la *justa generosidad*.

Este enfoque ético, que ha cobrado especial relevancia en la filosofía contemporánea (con pensadoras como Carol Gilligan[36], Nel Noddings[37] o Virginia Held[38]), sitúa en el centro de su análisis el acto de cuidar y la reciprocidad en las relaciones interpersonales. Escasamente tratado en la tradición filosófica, la idea de «cuidado» se había postergado al ámbito privado y familiar, pero la ética del cuidado lo coloca en el protagonismo político y social. Lejos de limitarse a una visión paternalista o asistencialista, una adecuada ética del cuidado reconoce la interdependencia y la

36. *Vid.* GILLIGAN, C., *In a different voice: psychological theory and women's development*, Cambridge: Harvard University Press, 1982. Carol Gilligan propone una ética del cuidado femenina como una perspectiva moral relacional centrada en las relaciones, la empatía y la responsabilidad contextual. Destaca la importancia de escuchar voces marginadas y priorizar el bienestar interdependiente, cuestionando la ética de justicia abstracta y universalista que ignora las experiencias y necesidades particulares. Aunque fundamental en el surgir de la ética del cuidado contemporánea, la propuesta de Gilligan carece de una base metafísica unificadora que trascienda la dialéctica modernista limitada y centrada en el enfrentamiento entre varón y mujer.

37. *Vid.* NODDINGS, N., *Caring: a relational approach to ethics and moral education*, Los Angeles: University of California Press, 2013. La noción de cuidado para Nel Noddings se basa en la relación de atención y respuesta mutua, donde el cuidador muestra profundo interés genuino y desplazamiento motivacional, y el receptor reconoce ese cuidado. Utiliza la maternidad como paradigma ejemplar del cuidado ético, pero advierte que el ideal debe extenderse a todas las relaciones humanas, sin limitarse a un rol biológico.

38. *Vid.* HELD, V., *The ethics of care: personal, political, and global*, New York: Oxford University Press, 2006. Virginia Held concibe el cuidado como práctica social y valor fundamental, centrado en responsabilidades mutuas, relaciones interdependientes y redes de apoyo. Propone integrar la ética del cuidado en instituciones, políticas públicas, económicas y democráticas, reemplazando normas abstractas por soluciones contextuales que fomenten el bienestar colectivo y la justicia social sostenible. De ella habla el propio MacIntyre como una de las pensadoras que más ha aportado, desde la filosofía feminista, en la reivindicación de una ética distinta a la moral de la autosuficiencia. Cfr. GALINDO CRUZ, P., *La vulnerabilidad como origen de la obligación política...*, pp. 50-53.

vulnerabilidad como elementos básicos de la vida en comunidad[39]. En el marco de la teoría moral de Alasdair MacIntyre, el cuidado se articula como un deber y como una oportunidad para el ejercicio de las virtudes. Los actos cotidianos de cuidar —atender a los enfermos, acompañar a los ancianos, enseñar con atención personalizada, escuchar a un amigo en crisis— adquieren un valor ético incuestionable[40]. Cuidar y ser cuidado pasan a ser actos constitutivos de la conciencia moral, y a través de la *justa generosidad* estos actos adquieren sentido pleno.

De este modo, la idea de cuidado, desde el punto de vista integrador de la filosofía de la vida, de la metafísica y de la ética, se compone de tres partes: (a) desde el punto de vista de Aristóteles, el cuidado como actividad teleológica, persigue la preservación y perfeccionamiento de la vida mediante la atención de las funciones corporales (nutrición, crecimiento) y el cultivo de la felicidad (*eudaimonía*) a través de la virtud práctica; (b) desde la perspectiva de la metafísica de Tomás de Aquino, el cuidado surge del orden divino que sustenta la materia y la forma; la provisión, la protección y la orientación de la criatura al fin último (beatitud) son actos de la caridad de Dios, que se modelan en la responsabilidad humana hacia los demás[41]; (c) Alasdair MacIntyre retoma esta herencia para mostrar que la práctica ética nace de nuestra vulnerabilidad y dependencia mutua, demandando comunidades de cuidado donde la *justa generosidad* y la amistad reparan, sostienen y orientan la vida virtuosa[42].

39. *Vid.* Montoya Camacho, J. M., Giménez Amaya, J.M., *Vulnerabilidad, virtud y cuidado*, Pamplona: EUNSA, 2026.

40. Cfr. Galindo Cruz, P., *La vulnerabilidad como origen de la obligación política...*, pp. 89-179.

41. Cfr. Tomás de Aquino, *Summa Theologiae*, I-II, q. 30, a. 3.

42. Cfr. MacIntyre, A., *Animales racionales y dependientes...*, pp. 183-195.

Por tanto, el cuidado, especialmente en el pensamiento de MacIntyre, puede entenderse como un elemento constitutivo de nuestras prácticas sociales y morales que surge de nuestra vulnerabilidad y dependencia mutuas. Implica atenciones recíprocas —físicas, intelectuales y emocionales o afectivas— fundamentadas en virtudes como la piedad, la generosidad y la justicia. El cuidado, así entendido, no es una mera asistencia al otro, sino un modo de vida social que sostiene la formación de identidades éticas y tradiciones compartidas. A través de instituciones y prácticas de este cuidado (familia, amistad, comunidades profesionales), se articulan obligaciones y reciprocidades que permiten el florecimiento de la virtud en un entorno social[43].

Esta ética del cuidado contrasta con los modelos de vida basados en la eficiencia exacerbada, en la mera funcionalidad y en la lógica de un mercado deshumanizante, donde las relaciones tienden a convertirse en simples transacciones. Cuando la vida se concibe como un recurso para optimizar, las personas en situación de dependencia pueden ser vistas como una carga.

Para MacIntyre, por tanto, la recuperación de la vida virtuosa pasa necesariamente por promover la *cultura del cuidado*. Esto implicaría, a su vez, siguiendo los cuatro puntos mencionados para el reconocimiento político y social de la vulnerabilidad:

1. Reorientar las políticas públicas: priorizar la dimensión del cuidado en las decisiones presupuestarias, legislativas y de organización institucional.

2. Valorar el trabajo de los cuidadores: reconocer económica y socialmente las labores de quienes cuidan (profesionales de la salud, asistentes sociales, cuidadores familiares), pues este trabajo se ha invisibilizado históricamente.

---

43. Cfr. *Ibid.*, pp. 148-149.

3. Incorporar el cuidado en la esfera pública: crear espacios deliberativos donde se planifiquen acciones conjuntas de cuidado comunitario, de modo que el cuidado no se quede en la privatización familiar, sino que sea tarea compartida de una ciudadanía responsable.

4. Fomentar la corresponsabilidad: implicar a hombres y mujeres por igual en las labores de cuidado, superando los estereotipos que hacen de este tipo de actividad moral algo ajeno a todo ser humano.

Con ello, la ética del cuidado se convierte en una opción política y cultural: implica cambiar la narración dominante acerca de lo que significa ser vulnerable y dependiente potenciando la idea de «cuidar y ser cuidado». En este sentido, la *justa generosidad* es el contexto virtuoso que hace de todo esto una práctica para la vida ordinaria, pues orienta nuestra acción hacia la integridad de la persona y de la sociedad.

6. Conclusiones y reflexiones finales

6.1. *Síntesis de la propuesta ética centrada en la vulnerabilidad y la* justa generosidad

El recorrido filosófico y ético propuesto en este capítulo arranca del reconocimiento de que la vulnerabilidad y la dependencia son condiciones universales y constitutivas de la existencia humana. Al adoptar esta premisa, surge la posibilidad de articular una ética del cuidado y de la reciprocidad que supere las limitaciones del individualismo y del emotivismo. La *justa generosidad*, entendida como la virtud que integra el dar y el recibir, se convierte en el pilar fundamental de una vida virtuosa, en la que el cuidado por el otro se erige como expresión de la verdadera amistad y del compromiso con el bien común.

La combinación de las tradiciones filosóficas —la aristotélica, con su énfasis en la amistad honesta, y la cristiana, con su síntesis de justicia y misericordia— ofrece un marco integrador que trasciende la fragmentación moderna. MacIntyre, al retomar estos referentes, no solo critica la reducción ética de la modernidad, sino que también propone un camino hacia la recuperación de la vida virtuosa mediante la práctica consciente del cuidado y la reciprocidad. En síntesis, nos parece que la propuesta ética macinteriana descansa en los siguientes puntos clave:

1. La vulnerabilidad y la dependencia: condiciones universales que deben ser reconocidas como punto de partida para la reflexión ética y política.

2. La *justa generosidad*: virtud que integra el cuidado mutuo, la reciprocidad y el reconocimiento del valor intrínseco del otro, constituyéndose en el eje organizador de la vida comunitaria.

3. Integración de tradiciones: la amistad aristotélica (amistad honesta), la justicia tomista (justicia distributiva) y la misericordia cristiana (compasión activa) se fusionan en un ideal ético que conjuga lo racional y lo afectivo, lo humano y lo trascendente.

4. Transformación ética: el replanteamiento de los discursos éticos y políticos modernos debe basarse en la educación moral, el diálogo comunitario y la transformación de las prácticas culturales, situando la vulnerabilidad y la dependencia como ejes fundamentales.

6.2. Desafíos y perspectivas para el futuro

A pesar de la claridad conceptual que ofrece la propuesta de Alasdair MacIntyre y de la riqueza de los referentes clásicos, la aplicación práctica de estos principios en la sociedad contemporánea enfrenta desafíos considerables. La hegemonía del progreso tecnológico y del empirismo, junto con una cultura dominada por el individualismo y la competencia deshumanizante, constituyen obstáculos sustanciales para la construcción de una comunidad realmente orientada hacia la virtud.

Sin embargo, la experiencia de la vulnerabilidad —que afecta a cada individuo en distintas etapas de la vida— puede verse, paradójicamente, como una oportunidad para cuestionar y transformar esos modelos. El reconocimiento de nuestra dependencia mutua debería impulsar una transformación profunda de las instituciones políticas, educativas y culturales, orientadas hacia el cuidado del otro y la promoción de una ética de la reciprocidad.

Entre las perspectivas de cambio más prometedoras podemos encontrar:

1. Revalorización de la educación moral: es imperativo que las nuevas generaciones interioricen la importancia de la vulnerabilidad y del cuidado en sus relaciones interpersonales, lo que puede lograrse mediante programas educativos innovadores, formativos y vivenciales.

2. Transformación cultural: a través de narrativas (literatura, cine, teatro, artes plásticas) que celebren la generosidad y el compromiso comunitario, se puede crear un antídoto efectivo contra la deshumanización y la fragmentación que caracterizan muchos aspectos de la modernidad.

3. Políticas públicas sensibles: rediseñar los sistemas de salud, de bienestar social y educativos para que incorporen el criterio de la vulnerabilidad como un elemento central, en lugar de tratarlo como una variable secundaria.

4. Fortalecimiento de redes comunitarias: promover espacios de diálogo y de participación ciudadana que permitan a los diversos actores sociales, incluyendo a los más vulnerables, contribuir a la definición de los fines comunes.

La transformación social exigirá paciencia y resistencia frente a las tendencias a una comprensión individualista de la moralidad, pero la vulnerabilidad puede constituir la semilla de un cambio profundo: cuando la sociedad entienda que todos, sin excepción, seremos dependientes en algún momento, se sentarán las bases para una ética política que ubique la *justa generosidad* en el centro de la vida comunitaria.

7. Bibliografía

ARISTÓTELES, *Política*, Madrid: Centro de Estudios Constitucionales, 1970.

—, *Ética a Nicómaco*, Madrid: Centro de Estudios Constitucionales, 1981.

—, *Metafísica*, Madrid: Gredos, 1994.

—, *Acerca del alma*, Madrid: Gredos, 2014.

GALINDO CRUZ, P., *La vulnerabilidad como origen de la obligación política*, Pamplona: EUNSA, 2024.

GILLIGAN, C., *In a different voice: psychological theory and women's development*, Cambridge: Harvard University Press, 1982.

HELD, V., *The ethics of care: personal, political, and global*, New York: Oxford University Press, 2006.

HUME, D., *A Treatise of Human Nature*, L. A. Selby-Bigge (ed.), Oxford: Clarendon Press, 1888.

—, *An Enquiry Concerning the Principles of Morals*, Oxford: Oxford University Press, 2007.

KANT, I., *Fundamentación de la metafísica de las costumbres*, Madrid: Editorial Tecnos, 2005.

LOMBO, J. A., GIMÉNEZ AMAYA, J. M., *Biología y racionalidad: el carácter distintivo del cuerpo humano*, Pamplona: EUNSA, 2016.

MacIntyre, A., *Tras la virtud*, Barcelona: Crítica, 1987.

—, «Politics, Philosophy and the Common Good», en *The MacIntyre reader*, K. Knight (ed.), Notre Dame: Notre Dame University Press, 1998.

—, *Animales racionales y dependientes: por qué los seres humanos necesitamos las virtudes*, Barcelona: Paidós, 2001.

—, «What is a human body», en *The tasks of philosophy: selected essays*, Cambridge: Cambridge University Press, 2006, pp. 86–103.

—, *Ethics in conflict of modernity: an essay on desire, practical reasoning and narrative*, Cambridge: Cambridge University Press, 2016.

Madigan, A., S. J., *Éticas aristotélicas contemporáneas: Alasdair MacIntyre, Martha Nussbaum, Robert Spaemann*, Pamplona: EUNSA, 2025.

Montoya Camacho, J. M., «Trascendentales metafísicos, teleología y vulnerabilidad: complementariedad antropológica de dos versiones de la unidad vital de los fines de la acción humana», *Conocimiento y acción*, (2025), pp. 1–23.

Montoya Camacho, J. M., Giménez Amaya, J.M., *Corporalidad, tecnología y deseo de salvación: apuntes para una antropología de la vulnerabilidad*, Madrid: Dykinson, 2024.

—, «La virtud de la "justa generosidad" en las relaciones sociales según Alasdair MacIntyre», en *La política del bien común en MacIntyre*, J. de la Torre, M. Loria y L. Nontol (eds.), Madrid: Dykinson, 2025, pp. 139–154.

—, *Encubrimiento y verdad: algunos rasgos diagnósticos de la sociedad actual,* Pamplona: EUNSA, 2025.

—, *Vulnerabilidad, virtud y cuidado*, Pamplona: EUNSA, 2026.

Noddings, N., *Caring: a relational approach to ethics and moral education*, Los Angeles: University of California Press, 2013.

Tomás de Aquino, *Summa Theologiae*, Torino: Marietti, 1972.

YEPES STORK, R., «Después de *Tras la virtud*: entrevista a Alasdair MacIntyre», *Atlántida*, 4 (1990), pp. 87–95 (traducción de José Luis del Barco).

La modernidad y sus conflictos. La modernidad y la ética. ¿Conflictos éticos de la modernidad?[1]

Eloy Villanueva Cruz

1. Introducción: ¿por qué hablar de la modernidad y de la ética?

El propósito de esta conferencia es tan amplio como la propia historia del hombre y de la filosofía[2]. Examinar si ha habido o no, si perviven o se han superado los conflictos éticos de la modernidad es en realidad acotar un problema de siempre a una época concreta. Creemos que el interés en hacerlo es pertinente por muchos motivos, uno de los principales es que a nuestro juicio todavía nos podemos considerar, nos debemos considerar, como parte de esa modernidad y de su tiempo. Quizá seamos capaces de explicar esto mejor más adelante, cuando definamos las circunstancias y los hechos que constituyen, al menos en parte, tal idea

---

1. Este texto fue concebido inicialmente para ser leído en una conferencia, que se pronunció en el Ateneo Jovellanos de Gijón en abril del año 2025 gracias a la generosidad del presidente de dicha institución, de su junta directiva y, muy especialmente, gracias a la encomiable organización del profesor y doctor en Filosofía Francisco Santamaría. Con posterioridad, el texto inicial ha sido ampliado, mejorado y anotado para su publicación, pero se ha intentado respetar el sentido original de conferencia con el que se escribió.
2. Cfr. ARISTÓTELES, *Ética a Nicómaco*, I, 2, 1094b 5-10; I, 3, 1095a 10-15.

de modernidad. En todo caso, parece un empeño loable y casi una necesidad querer observar nuestro mundo.

Por otro lado, el interés de reflexionar sobre la ética también parece oportuno como una actividad intelectual que debiera realizarse permanentemente, actualizándose una vez tras otra en nuestros pensamientos particulares y en los pensamientos colectivos y de la sociedad. A través de la ética evaluamos qué hacemos y cómo lo hacemos[3]. A su vez, los razonamientos sobre la ética no nacen espontáneamente en las personas de la nada o sin presupuestos sobre los que se asienten, pues esto sería tanto como desconectar a las personas de la realidad. La ética se relaciona, sin duda, con el actuar diario de cada uno de nosotros, y éste tiene siempre condicionantes personales y culturales propios[4].

La reflexión ética sobre dicho actuar es por tanto compleja, porque no se limita a aplicar unas normas concretas que los hombres siguen siempre y en cada momento, lugar o circunstancia. Por el contrario, muchas sociedades y personas dentro de ellas defienden que unas normas no tienen por qué ser siempre válidas o igualmente necesarias entre ellas. Otros tienen para sí una jerarquía de mandatos que regulan la vida radicalmente diferente de

---

3. La definición de la Real Academia Española sobre el vocablo «ética» dice que es aquello «recto, conforme a la moral», con sinónimos como «honesto», «decoroso», «decente», «íntegro», «justo» o «puro». En la antigüedad griega, el sentido del término *ethos* se dirigía hacia lo que nosotros denominamos «carácter» o «modo de ser»; también «costumbre» y, quizá con mayor amplitud, «comportamiento habitual». Cualquiera de los significados enunciados se usa hoy en día de modo indistinto y correcto, pero en nuestro caso vamos a fijarnos especialmente en el último de los sentidos, que es el del «comportamiento habitual». si bien es cierto que «ética» arrastra una connotación positiva, en sí mismo un término aséptico y que por tanto sólo puede definirse por las circunstancias que lo acompañan en cada momento. La ética será buena o será mala según el actuar que le acompañe sea bueno o mal a su vez.

4. Cfr. Giménez Amaya, J. M., Lombo, J. Á, *Antropología de la acción: la vida humana como unidad dinámica*, Pamplona: EUNSA, 2024, pp. 192-194.

la de los demás. Algunos aceptan cierta posibilidad de objetivar reglas, otros defienden que eso es posible con total seguridad e incluso certeza, y están los que arguyen que cada cual puede establecer las suyas, aunque normalmente a esto se le acompaña siempre una pretensión ficticia de universalidad. Entre estos últimos, además, existe un grupo que en realidad mira con sospecha hacia los que reclaman la existencia de la objetividad, como si fueran por ello contrarios a una libertad básica de los hombres[5]. Junto a ellos, están los que sitúan la interioridad afectiva de cada cual, en el imperio de sus decisiones y valoraciones, poniendo como guía de sus vidas a las emociones[6]. A estos últimos se les llama «emotivistas» y practican, por tanto, el «emotivismo», que se define como «la perspectiva metaética [...] en la que los enunciados morales son expresiones de sentimientos que no tienen contenido cognitivo y que, en ese sentido, carecen de significado»[7].

La vida es un conflicto permanente que se desarrolla durante la existencia de la persona sin pausa alguna. La consideración de la vida como conflicto no debe tomarse como negativa, sino como la constatación del permanente choque de intereses, deseos y pareceres que se da entre unos y otros, y también de cada individuo consigo mismo. El conflicto es perpetuo porque las posibilidades del vivir son, casi, infinitas, de manera que llegar al punto del acuerdo se antoja harto difícil.

Esta contrariedad no debe, sin embargo, impedir la búsqueda de una vida buena y lograda para todos y cada uno de los miem-

---

5. Cfr. GUITIÁN, G., MUÑOZ, R., *Moral social*, Pamplona: EUNSA, 2019, p. 29.

6. Cfr. MONTOYA CAMACHO, J. M., GIMÉNEZ AMAYA, J. M, *Encubrimiento y verdad: algunos rasgos diagnósticos de la sociedad actual*, Pamplona: EUNSA, 2025, pp. 105-108.

7. MADIGAN, A., S. J., *Éticas aristotélicas contemporáneas: Alasdair MacIntyre, Martha Nussbaum, Robert Spaemann*, Pamplona: EUNSA, 2025, p. 44.

bros que viven en un mismo entorno, en una comunidad, en una sociedad más amplia o con perspectiva ampliamente universal. Así, la valoración ética de nuestros comportamientos tiene la practicidad de conformar dichos comportamientos también hacia el futuro, de permitir un progreso racional de la ética y una mejor vida en comunidad. La acción es siempre de alguien, y ese alguien tiene un origen y unas circunstancias vitales. Si las acciones que realizamos configuran la propia vida y la de otros, la conveniencia o no de dichas acciones parece un elemento ineludible para la consecución o no de una vida lograda[8].

Queremos por tanto a través de estas palabras que vamos a pronunciar contribuir a comprender mejor cuál es el lugar, entendido como mundo, en el que vivimos hoy en día, cuáles los desafíos que encontramos a diario y si existen o no soluciones para los problemas que dichos desafíos plantean. Estamos hablando, siempre, de desafíos éticos, y por tanto de desafíos que surgen de las acciones humanas. Son desafíos fruto del mejor o peor obrar humano que configuran nuestra realización personal de modo individual y de modo colectivo.

Si apreciamos, por otro lado, que en todo es importante mantener una visión práctica de las cosas, entonces querremos detenernos en aspectos no meramente teóricos. No se trata por ello en esta disertación de hablar, por ejemplo, de la relación entre la ética y las disposiciones del alma. Ni tampoco de examinar si una perspectiva teológica del hombre promueve una ética de un modo concreto y mejor que un enfoque exclusivamente filosófico. Procuraremos de tal modo pensar sobre ciertas cuestiones que, con mayor o menor cercanía a la realidad cotidiana, afectan a ésta.

---

8. Cfr. Cruz Ortiz de Landázuri, M., *Paisajes del pensamiento: hacia una ética biográfica*. Pamplona: EUNSA, 2023, p. 133.

Hemos considerado, por último, que convenía elegir un hilo conductor para realizar este trabajo. Las posibilidades de plantear la cuestión son también, en esto, innumerables. Pero, buscando la concreción, hemos determinado apoyar nuestra explicación en lo que Alasdair MacIntyre[9] ha expresado y enseñado durante años a través de su obra. Sin duda, esta elección tendrá detractores, pero nosotros queremos resaltar la oportunidad de estudiar nuestro tiempo sobre el pensamiento profundo, didáctico, ágil y flexible de este filósofo. MacIntyre no es un dogmático de casi nadie, y mucho menos de sí mismo, pues siempre tuvo la lucidez de repasar sus propias propuestas y corregirse o enmendarse si era necesario. Por último, señalar que en esta labor de síntesis, recopilación y exposición que deseamos compartir en esta conferencia, ha sido de gran ayuda el estudio pormenorizado del profesor Arthur Madigan, *S.J.*, discípulo eminente de Alasdair MacIntyre[10].

2. La modernidad

Cuando la conveniencia entre muchos determina que un período de tiempo reúne características suficientes que lo diferencian de otros momentos de la historia, entonces se le atribuye un nom-

---

9. Alasdair MacIntyre (1929-2025) nació en Glasgow y falleció en Estados Unidos. Se le considera el pensador angloamericano más influyente del siglo XX y del primer cuarto del siglo XXI en lo relativo a la filosofía moral. Fue, además, un hombre de gran espíritu académico, promoviendo en diversas universidades e instituciones educativas del mundo una excelente tradición discipular. Para conocer más detalles sobre su vida y su obra aconsejamos la lectura del recurso electrónico *https://ethics.live/2025/05/29/obituarios-por-el-fallecimiento-de-alasdar-macintyre/* sito en la web especializada *http://www.ethics.live*, dirigida por el profesor Jorge Martín Montoya Camacho.

10. *Vid.* MADIGAN, A., *S. J.*, *Éticas aristotélicas contemporáneas...*

bre que lo define[11]. Del mismo modo, suele ser un nombre en realidad relativo a otros, como ocurre con la Edad Media respecto de la Edad Moderna, o con la Edad Contemporánea respecto de la Moderna: ningún tiempo es medieval o moderno en sí mismo. También en ocasiones hay denominaciones más concretas o particulares dentro de un período mayor, y a su vez hay denominaciones que abrazan a más de un tiempo definido.

En general, este modo de ordenar la historia suele ser objeto de discusión entre los especialistas, pues los contemporáneos de cada momento no tienen la perspectiva suficiente como para contemplar los hechos sociales, culturales o políticos que les modelan[12]. Más bien es al final el paso del tiempo y una cierta arbitrariedad de la ciencia histórica la que asienta una u otra denominación[13]. Permítanme esta reflexión para enmarcar el momento, diríamos casi el lugar, en el que vamos a desarrollar nuestras ideas a lo largo de las próximas páginas.

Porque, en efecto, la modernidad no es quizá sólo un momento de la historia más o menos amplio, sino propiamente un lugar[14] —si queremos tomar el término de modo hiperbólico— en el que se desarrollan hechos históricos, pensamientos filosóficos, propuestas económicas, sistemas educativos, relaciones sociales, actitudes políticas y valoraciones, consideraciones y obras plenamente

---

11. *Vid.* Le Goff, J., *¿Realmente es necesario cortar la historia en rebanadas?*, México: Fondo de Cultura Económica, 2016.

12. *Vid.* Riu Riu, M., *Lecciones de Historia medieval*, Barcelona: Teide, 1971.

13. *Vid.* Huizinga, J., *El concepto de la historia y otros ensayos*, México: Fondo de Cultura Económica, 1980.

14. Todos los grandes períodos históricos no son únicamente un marco cronológico, sino hiperbólicamente un «espacio» en el que suceden los acontecimientos históricos. Verdaderamente parece casi posible aprehender estos períodos como si se trataran de algo tangible.

humanas. También se muestran, por tanto, las consecuencias de todos los elementos anteriores de modo pleno y, en cuanto a concomitantes con las personas, también de modo puramente ético. Si lo pensamos bien, todo está unido y mezclado, entreverado, de suerte que en la modernidad ocurre todo lo anterior y todo lo anterior, a su vez, hace que la modernidad ocurra y sea una realidad de las personas y de la vida.

Muchos en realidad equiparan modernidad con Edad Moderna, pero sin embargo creemos que tal relación es en realidad una simplificación, y que además es posible e incluso pertinente distinguir dichos conceptos. Tal es así, que la Edad Moderna la podemos acotar entre la Medieval y la Contemporánea desde un punto de vista del hecho histórico, y señalar su inicio con el momento de la caída de Constantinopla en 1453, con el descubrimiento de América por parte de Cristóbal Colón en 1492 y por la revolución tecnológica de la imprenta que impulsó Johannes Gutenberg hacia 1450.

Por el contrario, acotar la modernidad es más complejo y su tiempo realmente comienza, según autores, a finales del siglo XV, mientras que otros lo sitúan hacia el XVII. Los profesores José Manuel Giménez Amaya y Jorge Martín Montoya Camacho, afirman en cambio que la Modernidad comienza con Ockham, en el momento en el que el problema de los Universales se plantea y estos, por las nuevas corrientes del pensamiento medieval, desaparecen hasta nuestros días[15]. Creo que su planteamiento es certero y que lo que proponen es verdaderamente un antecedente, quizá el más genuino de los antecedentes de lo que llamamos modernidad, y que se une a otros sin duda desde finales del siglo XV.

Pero, al mismo tiempo, da la impresión de que algunos acontecimientos religiosos, históricos y sociales marcan propiamente a

---

15. *Vid.* Montoya Camacho, J. M., Giménez Amaya, J. M, *Encubrimiento y verdad...*

este período en su inicio y posterior conformación, no restringiéndolo al modo historicista antes señalado, sino ampliándolo conceptualmente a otros hitos: así, son especialmente significativas las diatribas teológicas iniciadas por Lutero y la respuesta de Trento en primer lugar; las guerras de religión y el cambio de paradigma político en Europa en segundo término; las propuestas filosóficas de los siglos XVI y XVII que culminan con el kantismo en el siglo XVIII, en tercer lugar; finalmente, una verdadera revolución de la ciencia y de su método. Aún sería posible ampliar los fundamentos citados con otros igualmente válidos, pero sin los enunciados, lo que vino después sería impensable[16].

En este contexto queremos introducir, aceptando lo que otros pensadores ya enunciaron hace algunas décadas, la idea de que todavía estamos en dicho período de modernidad. Ciertamente y según la ciencia histórica hemos transitado en los últimos siglos por las etapas históricas conocidas como Moderna y Contemporánea, con el quicio de la Revolución francesa entre ellas y el consecuente fenómeno de la Ilustración; también, la vida ha transcurrido por la etapa denominada «Actual», que define el siglo XX desde el final de la Segunda Guerra Mundial y hasta el desmoronamiento de la Unión Soviética, con el incesante avance del terrorismo sistemático empleado por gran parte del mundo islámico en la última década del siglo XX y primera parte del siglo XXI; por último, parece que para aquello que vivimos y padecemos en nuestra cotidianeidad podemos emplear el término de «tiempo presente».

Decíamos antes que la modernidad era también, exageradamente, pero con cierta audacia, un lugar, porque es posible observar cómo sobre ella se asentaron, desarrollaron y aún hoy permanecen muchas facetas de la vida cotidiana de los hombres

---

16. *Vid.* Martínez Millán, J., Rivero Rodríguez, M., *Historia moderna: siglos XV al XIX*, Madrid: Alianza Editorial, 2021.

en los últimos siglos. Tal permanencia de rasgos que llegan hasta nuestros días es lo que permite afirmar que, en cierto modo, pero de manera muy real, seguimos sumidos en la propia modernidad.

Como hemos tratado de explicar, el hecho histórico no define todo lo que sucede de modo completo, sino que se suma a otros aspectos que, unidos en el actuar del hombre, sí permiten contemplar y conocer un esquema global. Sin demasiada dificultad podemos examinar rasgos de la sociedad actual y colegir que son herederos directos de aquellos mismos rasgos que conformaron a la modernidad desde su inicio. Si estas trazas permanecen tal cual no es posible por tanto atribuirles otras propiedades distintas de las originales, ni tampoco ser causa novedosa de efectos y consecuencias distintas de aquellas, aunque ciertamente se inserten en los períodos —separados— que la conveniencia de la ciencia histórica ha establecido.

3. Los desacuerdos de la modernidad

Una vez que ya hemos concretado el momento temporal de la modernidad dentro del devenir histórico y al mismo tiempo reconocemos la pervivencia de algunos de sus aspectos singulares, examinaremos su esencia, esto es, lo que hace que a la modernidad le podamos atribuir tal nombre todavía en nuestro tiempo presente. Sobre la modernidad señala Alasdair MacIntyre que «esa cultura ha seguido siendo una de desacuerdos morales, y de otro tipo [de desacuerdos], sin resolver y aparentemente irresolubles»[17]. Lo cual nos permite redefinirla como «una cultura moral de des-

---

17. Bello Rodríguez, H. J., Giménez Amaya, J. M., *Valoración ética de la modernidad según Alasdair MacIntyre*, Pamplona: EUNSA, 2018, p. 76.

acuerdos interminables»[18]. Hay varias características que permiten identificar y explicar, siquiera brevemente, los desacuerdos de la modernidad.

La primera de estas grandes controversias internas a la que debemos prestar atención es la de la inconmensurabilidad[19]. La atribución de esta característica es apropiada porque las argumentaciones rivales en este período, desde un punto de vista conceptual, así lo son: esto es que resultan inconmensurables por la total disparidad en número y contenido entre ellas, y por la imposibilidad de alcanzar acuerdos en las conclusiones. Como quiera que las premisas son distintas según cada planteamiento o propuesta y, por tanto, también hay desacuerdo a la hora de establecerlas las propias premisas, entonces el resultado no puede ser sino igualmente discordante.

En segundo lugar, cambiar el paradigma del sujeto que veíamos anteriormente por el de unas reglas objetivas, racionales e impersonales. Tenemos ya dos elementos: voluntad y razón, ambos en posiciones extremas y ambos contradictorios, porque frente a lo racional como objetivo, la persona siempre puede contraponer lo voluntarioso como subjetivo. Y más todavía cuando en la propia modernidad es precisamente la subjetividad, con diferentes adornos y adjetivaciones la que triunfa, aunque sea de modo pírrico; en realidad, es un gran fracaso pese a las apariencias.

De hecho, el tercer rasgo de desacuerdo es el que defiende que premisas y conceptos nacen de culturas y contextos históricos diferentes, que es justamente el punto de apoyo que permite a MacIntyre desarrollar y explicar el origen de los desacuerdos morales en la modernidad[20].

18. MADIGAN, A., *S. J.*, *Éticas aristotélicas contemporáneas…*, pp. 52-53.
19. Cfr. *Ibid.*, pp. 272-273, n. 180.
20. Cfr. *Ibid.*, p. 49.

Por último, si queremos ahondar un poco más en estos rasgos e identificar los peligros que representan, encontramos divisiones y particiones dentro de ellos mismos. Pero, como no queremos ser exhaustivos, sí enunciamos algunos que son principales, tal y como MacIntyre propone. Por encima de todos, además, existen unos aspectos que anteceden al resto, que los condicionan y modelan, y que en realidad se unen entre sí en sus distintas denominaciones: pues bien, propios de la modernidad, fundantes para ella, son el puro subjetivismo, el relativismo y el emotivismo, que es sin duda el más pernicioso de todos ellos. De hecho, es el emotivismo, ya citado anteriormente, el que con toda crudeza separa las diversas consideraciones sobre muchos temas de la posibilidad del acuerdo, porque en realidad se encuentra, según se mire, en la base o en la cúspide del resto de elementos: sin emotivismo no hay relativismo ni subjetivismo posible, porque el emotivismo se introduce, en las personas, más cerca de su intimidad que los otros «ismos». Y, a partir de aquí, la modernidad no puede sino promover conflictos e incertidumbre, fracasos y decepciones. Cualquier expectativa de orden en la modernidad fenece ahogada por la propia modernidad.

4. Los conflictos de la modernidad y sus elementos

Cabría preguntarse por el motivo por el cual, en realidad, se producen conflictos en la sociedad, en las personas, en las comunidades y en todos y cada uno de los ambientes que componen lo anterior. Si pensáramos un poco más sobre ello, podríamos concluir que en realidad el conflicto es una contradicción práctica de lo que la gente anhela en términos generales. Hemos explicado anteriormente, no obstante, que el conflicto no debe tomarse siempre desde una perspectiva negativa, y sin embargo debemos reconocer que esto es sumamente complicado; entre otras cosas porque la resolución de los conflictos suele ser, en sí misma, también conflictiva, así como sus efectos.

Entonces, si en apariencia todos queremos una vida que tienda a ser mejor y no a empeorar, ¿por qué la disensión, la pelea y el combate entre unos y otros? ¿Qué es lo que hace que las personas se olviden, aparentemente, de su bienestar y comodidad pacífica para enzarzarse en diatribas negativas? En realidad, una respuesta plausible a estas preguntas sería que, en la propia búsqueda de esa vida mejor, está la respuesta. ¿En qué sentido? En un sentido doble.

Por un lado, en la imposibilidad de que todos y cada uno de los miembros de una sociedad definan y determinen de modo exactamente igual qué y cuál es el buen fin al que aspiran en sus vidas; es decir, en qué concreta cada uno aquello que le satisface y que, ubicado en su horizonte vital, representa el logro de una vida excelente. Hay acuerdo natural en que existe lo que se llama «bien común», pero sin embargo dicho convenir ya no es estable si aceptamos que algunos lo plantean desde posiciones y actuaciones más individuales que colectivas, otros desde visiones más colectivas que individuales y, aún otros, desde un pensamiento en el que ambas son complementarias. Parece, por tanto, que todos queremos el bien común y aceptamos que, en ello, puede irnos también nuestro bien particular, y sin embargo no siempre podemos convenir aquello que lo constituye.

Por otro lado, los medios para lograr lo anterior. De tal modo, no hay unidad en el pensar que permita defender lo que es bueno para todos, pero tampoco cómo lograrlo[21]. ¿Por qué ocurre esto? De modo también plausible, para responder de la mejor manera a esta duda, debemos fijarnos en el método por el que cada uno

---

21. Cfr. *Ibid.*, p. 68.

de nosotros establecemos las prioridades para el bien común y el bien particular. Parece claro, al mismo tiempo, que las prioridades son internas a cada uno de nosotros: podemos compartir fines con otros individuos, pero cada persona establece al fin y al cabo su propio orden de cosas, interioriza como considera adecuado qué es lo que le conviene más y qué es lo que le conviene menos. Y, aún con mayor fuerza particular, en realidad cada persona expresa con firmeza qué es aquello que desea más y qué es aquello que desea menos; qué es lo que desea por encima de todo y qué es lo que aborrece[22].

Ahora bien, después de lo expuesto en los dos puntos anteriores, es legítimo buscar los grandes desacuerdos que ejemplifiquen de lo que estamos hablando. No es tarea fácil, porque de nuevo las posibilidades son innumerables en función de dónde ponga cada uno su interés y atención intelectual. Pero, al decir antes que queríamos seguir en cierto modo la reflexión ética que Alasdair MacIntyre realiza sobre la modernidad, parece que estamos obligados a elegir algunos de entre los muchos temas que él ha estudiado. Enumeremos, pues, al *expresivismo*, a la *Moralidad* y al *orden dominante*.

4.1. *El deseo como antecedente: el* expresivismo

MacIntyre se interrogó por el deseo como paso imprescindible para analizar la modernidad. De hecho, expuso para ello una pregunta aparentemente sencilla, que nosotros hacemos nuestra y de cuya respuesta depende poder o no progresar sobre estas ideas: «¿cómo debemos pensar sobre nuestros deseos?»; y añadirá que, según cómo respondamos, esto indicará si nuestra vida va bien o mal.

---

22. Cfr. Cruz Ortiz de Landázuri, M., *La civilización del deseo: una historia filosófica de lo querido*, Madrid: Siglo XXI Editores, 2025, pp. 207-214.

En este punto, MacIntyre observa la contraposición entre *expresivismo* y neoaristotelismo. Brevemente podemos explicar que, en el *expresivismo*, la respuesta radical al deseo es el libre querer, el libre albedrío personal, la autonomía absoluta de la voluntad expresada tal cual. Nada le condiciona salvo lo que queramos elegir porque sí, sin necesidad de aportar razones de ningún tipo. En realidad, cualquier respuesta *expresivista* es válida, porque contiene intrínsecamente una respuesta emotivista. De suerte que, cuando el conflicto interno en una persona, o entre varias, aflora por la propia necesidad de elegir entre una u otra cosa deseada, lo único válido es la elección en sí, el propio acto electivo. Por tanto, la decisión es —aparentemente— incondicionada, sin necesidad alguna de reflexión que la explique ni verdad que la autorice. Tan sólo, entonces, el mero impulso emotivo es el que encuentra su lugar al imponerse al resto de posibilidades.

En el neoaristotelismo, por el contrario, deseamos lo que motivadamente tenemos que desear, pues el fin natural del deseo es el bien. Aquello que no nos conduce al bien, por tanto, no podemos desearlo, siempre y cuando nuestro intelecto esté sano y sea coherente con los principios más elementales del ser de la persona, de su supervivencia y de su comprensión existencial[23].

4.2. *La* Moralidad

La «Moralidad» es un presupuesto para el *expresivismo*. En una ágil exposición del profesor Madigan[24], apoyada en la obra de nuestro filósofo escocés titulada *Ethics in the conflicts of modernity*[25]

---

23. Cfr. MADIGAN, A., *S. J.*, *Éticas aristotélicas contemporáneas...*, p. 70.
24. Cfr. *Ibid.*, p. 71.
25. *Vid.* MacINTYRE, A., *Ethics in the conflicts of modernity: an essay on desire, practical reasoning, and narrative*, Cambridge: Cambridge University Press, 2016.

esto se entiende mejor. Así, explicita que la *Moralidad* es la moral encauzada por unas normas limitantes para las personas, porque la persecución de los bienes y deseos propios está restringida por esas mismas normas. Al mismo tiempo, los principios que son buenos para todos, esto es, que se consideran como universalmente buenos, deben acatarse sin discusión alguna y sin importar tradición cultural u orden social; los intereses individuales se diferencian claramente de los de los demás, y la distancia entre el egoísmo y el altruismo condiciona a la filosofía moral. Es en definitiva una concepción moral que huye de la propuesta moral propia del kantismo o del utilitarismo, y que intentó arrojar luz sobre la moral en un momento en el que la religión se dividió en muchas religiones, allá por los inicios de esta época moderna.

Esta *Moralidad*, obviamente, tiene también sus limitaciones y sus propios conflictos. Una vez más, la vida práctica contrapone elementos básicos de la persona, como por ejemplo aquellos que relacionan la dignidad humana con otros de interés público común o social; tales son las cuestiones que MacIntyre denomina «bienestar humano» y que son fuente de dificultad para los que, deseando ejercer la moral en cuanto a *Moralidad*, son conscientes de que ésta no debe lesionar dicho «bienestar humano».

El ejemplo de la tortura es claro cuando, en unas circunstancias determinadas, la vida práctica referida al colectivo permite justificar para algunos el empleo de métodos expeditivos para evitar, por ejemplo, crímenes contra la sociedad de mucha gravedad. En realidad, tal justificación se basa en un bien común general, que evidentemente se traslada individualmente a cada uno de los individuos que se ven beneficiados por ello. También es, igualmente evidente, que tal práctica no respeta la dignidad humana.

Si pensamos con atención sobre lo anterior, estamos en gran modo reproduciendo un debate típico de la ética en la modernidad, cuando las opiniones a favor o en contra de ciertos actos se sitúan entre la prohibición categórica y la utilidad. Es el debate de kantianos y utilitaristas que tanta influencia tiene en la vida cotidiana de la gente que se suele ver impelida a elegir por uno u otro modelo de comportamiento.

La *Moralidad* no es una idea aristotélica. MacIntyre es un autor plenamente aristotélico, pero eso no es impedimento para que estudie otras perspectivas filosóficas. La «Moralidad» no siempre considera la existencia de bienes propios de los seres humanos según la naturaleza de estos. En cambio, Aristóteles establece que la consecución de los bienes que nos son propios como personas, requiere el cumplimiento de los preceptos que la moralidad —en minúscula— ha establecido. La *Moralidad* queda un tanto desvencijada frente a los aristotélicos, porque en ella los principios enunciados como buenos para todos no son los necesariamente propios de la humanidad. La prosperidad aristotélica contempla un bien común unido a los bienes individuales, de modo que ambos actúan favoreciéndose mutuamente para ser exitosos.

Lo anterior permite diferenciar aún otros aspectos entre las propuestas de MacIntyre y otros aristotélicos, a las que deseamos adherirnos, y la *Moralidad*. Así, la integración de la política, de la ética, de la economía o de la belleza que para la vida completa propone Aristóteles es despreciada por la *Moralidad*, de suerte que no resulta una propuesta dócil para alcanzar una vida lograda. Tampoco a nosotros nos convence en absoluto.

Por otro lado, la *Moralidad* tampoco casa con el *expresivismo*. Resulta curioso que quienes proponen que no es necesario motivar la respuesta de una u otra elección, tampoco aceptan la negativa de la *Moralidad* a aceptar la existencia de unos bienes genuinos, bien sean estos particulares o colectivos. Quienes reivindican por tanto que la motivación no es necesaria para la elección, aseveran que la *Moralidad* no justifica suficientemente sus reivindicaciones[26]. Sin duda es una magnífica contradicción.

La importancia de la *Moralidad* en el mundo actual, su contraposición con la propuesta de Aristóteles y aún su propia validez tiene otro buen ejemplo en lo que hoy en día conocemos como los «derechos humanos». Esta idea, desarrollada con gran énfasis desde la Ilustración y desde la Revolución francesa, adquiere rango de ley en el siglo XX (1948) con las diversas declaraciones que se dan al efecto[27]. Pero, el pretendido orden que a esto aporta la *Moralidad* es claramente insuficiente, porque no está claro que las normas enunciadas e inspiradas bajo sus premisas recojan concreta y totalmente lo que los seres humanos necesitan como derechos propios, pues eso y no otra cosa son los verdaderos derechos humanos.

Por ello, apartar la idea aristotélica de un bien común para todas las personas introduce de nuevo un subjetivismo, reafirmando una y otra vez el problema sin solución que esto provoca. No queremos con esto decir que la *Moralidad* y su propuesta normativa parta de una intención mala, sino que en su propio fundamento

---

26. Cfr. MADIGAN, A., *S. J.*, *Éticas aristotélicas contemporáneas…*, p. 72.

27. Las declaraciones sobre los derechos humanos y de la persona tienen su primer antecedente en el derecho de gentes desarrollado por teólogos españoles al suceder el descubrimiento de América en 1492. Modernamente, y en los contextos americanos y europeos revolucionarios y racionalistas, la primera declaración fue la *Declaración de derechos del buen pueblo de Virginia*, en 1776, anexa a la *Declaración de independencia de los Estados Unidos de América*. En 1789 se promulgó en Francia la *Declaración de los derechos del hombre y del ciudadano*, que tuvo versiones más o menos radicales en los años posteriores. En 1948, después de los desastres de la 1ª y 2ª Guerra Mundial que ocuparon toda la primera mitad del siglo XX, la Organización de las Naciones Unidas (ONU) acordó la *Declaración universal de derechos humanos*, que fue seguida de declaraciones concretas sobre temas diversos relacionados con el medio ambiente, con los derechos económicos y sociales o con la cultura.

adolece de la necesaria cautela para ser realmente útil en su planteamiento y aplicación en la realidad. La norma, al fin y al cabo, elimina algunas cuestiones que no se pueden normativizar y que son, sin embargo, principios del derecho de las personas; en ocasiones, es incluso peor, cuando la norma destierra aspectos que sí son normativos para la persona, pero que un enfoque erróneo las ha marginado. Bien común, justicia y generosidad, en toda su amplitud, en todo contexto y en toda su concreción, son los verdaderos principios de los derechos humanos, y no las enumeraciones más o menos afortunadas que se han realizado en las últimas décadas. En esto, podemos coincidir con MacIntyre cuando recela de ciertas definiciones sobre los derechos humanos que no se apoyan en lo anterior.

Por último, es necesario explicar que la *Moralidad* no solo impone restricciones en la elección de objetivos y en los medios para alcanzarlos, sino también en el grado de satisfacción que debe alcanzarse sobre dichos objetivos.

4.3. *El orden dominante: ¿quién escribe las normas?*

La disertación sobre lo anterior es sumamente relevante para avanzar en el examen de la modernidad y de sus conflictos éticos. Sin este análisis previo no es posible comprender la actualidad de lo que Alasdair MacIntyre llama «orden dominante»; la *Moralidad* es requisito para tal construcción conceptual, sobre la que en todo caso cualquiera puede concluir, si piensa con profundidad sobre ella, que además tiene como auxilio la sempiterna presencia del subjetivismo emotivista o relativista que, social y políticamente, nos invade.

Entonces, habiendo esclarecido qué es la *Moralidad* y cómo se despliega en tanto en cuanto empeño normativo, debemos preguntar quién impulsa y dirige dicho empeño. En los tiempos actuales, también es lícito preguntarse no solo por el «quién», sino por el «qué», en la medida en que la complejidad institucional —y de diversos órdenes— en la que vivimos produce organizaciones con grandísima capacidad de influencia. Ya no se trata, por tanto, de individualizar responsabilidades sobre algo gobernado o dispuesto por tal o cual sujeto, sino de advertir que es la participación de varios, aunque sean pocos en número, la que condiciona al resto. La respuesta a la pregunta, de nuevo, es sencilla, aunque su explicación pormenorizada no lo sea. Pero podemos aseverar sin mucha posibilidad de error que las normas las escribe aquel que puede hacerlo. Esto significa que, llanamente dicho, dicta lo que debe hacer y cómo el que tiene el mando. Podríamos aventurarnos ahora por el camino de la teoría sobre el poder y su ejercicio, sobre la diferencia entre la *auctoritas* y la *potestas*, sobre las capacidades de gobierno sin exposición pública, sobre las cuestiones que se denominan «de estado» y sobre los equilibrios que prevalecen en mitad de grupos de presión e interés. No lo haremos, sin embargo, porque no deseamos ni podemos extendernos demasiado, y porque vamos a preferir centrar la atención en lo que MacIntyre establece como primordial en el *orden dominante*.

Lo anterior no es precisamente nuevo en la historia, aunque en la modernidad haya adquirido una particular demostración cuando se ha encarnado en los sistemas políticos actuales y de los últimos doscientos años. Las democracias, algunas de ellas denominadas liberales, otras más conservadoras y aún las más revolucionarias, comparten en realidad una nota común con cualquier sistema político conocido. En realidad, ciertamente no es lo mismo un sistema con libertad política que otro en el que ésta no es posible, pero sea por un medio de representación u otro, sea por un modo de ejercer el poder u otro, lo cierto es que en sentido amplio podemos confirmar lo que antes se ha dicho: la norma la establece el que puede, porque manda.

El asunto no es de menor importancia en ninguno de los casos, porque si a la moderna posibilidad de convertir todo en *expresivismo* y emotivismo, le añadimos una sistematización legal e imperativa de la vida por vía de la *Moralidad* —unida ésta al ejercicio práctico del poder— entonces caben consecuencias que no hace falta sugerirlas pero que se han experimentado ya, con desgraciado infortunio, en los últimos decenios y siglos: el totalitarismo de ciertas ideas oprimiendo a grandes mayorías sociales. Así planteada la cuestión, parece imprescindible la pulcritud del obrar de quienes pueden regir al resto, y perentoria la búsqueda para ellos de una ética sin mancha.

4.4. Orden dominante y relaciones socio económicas: un ejemplo de problema ético en la modernidad

La comprensión de MacIntyre acerca del *orden dominante* es la que identifica este concepto con el orden derivado del capitalismo. Para nuestro querido filósofo, el capitalismo incluye al «conflicto entre el capital y el trabajo, a la sociedad de consumo, a los sistemas políticos liberales y a las instituciones burocráticas que acompañan a las economías capitalistas avanzadas»[28].

En efecto, ¡cómo obviar los conflictos de los tiempos modernos, de la plena modernidad, desde la confrontación del marxismo con el capitalismo! Nosotros, en cambio, aun recogiendo el guante que MacIntyre proporciona para exponer un tema de preocupación autentico en la Modernidad, hemos querido obviar al capitalismo y al marxismo en el título de este apartado. El motivo es sencillo, y es que admitiendo que la dicotomía del capitalismo y del marxismo ha sido y es fuente de problemas éticos, no queremos renunciar a una explicación matizada de lo que nuestro que-

---

28. MADIGAN, A., *S. J.*, *Éticas aristotélicas contemporáneas…*, p. 73.

rido filósofo angloamericano propone. En definitiva, que nuestro parecer al respecto de este tema no puede estar del todo de acuerdo con lo que Alasdair MacIntyre sugiere.

Como se ha mencionado, MacIntyre identifica plenamente al capitalismo con el *orden dominante*. Nosotros, sin negar tal posibilidad, preferimos abrir el abanico de posibles atribuciones de *orden dominante* a otros sistemas políticos, sociales y económicos, pues entendemos que los elementos concomitantes de tal ejercicio de dominio existen claramente en muchos de ellos. En general, preferimos identificar *orden dominante* con cualquier sistema político y su correspondiente socioeconómico que, por la vía de la *Moralidad*, impide el acceso al bien común al modo aristotélico. La crítica a MacIntyre, que en breve abordaremos sucintamente, nos obliga a una aclaración previa que exponemos a continuación.

La confusión terminológica en aspectos muy relevantes del orden político y económico —también del cultural— ha sido y es frecuente desde hace más de dos siglos[29]. La desconsideración hacia la posibilidad de definir las cosas de una sola manera ha hecho que muchas ideas pierdan eficacia, pues al carecer de definición pierden parte de su sentido original. Parece que, por un manoseo impúdico del lenguaje y de lo que las cosas significan, las ideas acaban perdidas. Tal cosa ocurre, por ejemplo, con términos como

---

29. La crítica sobre la evolución incorrecta de la terminología en cuestiones políticas, sociales y económicas se extiende a muchas instituciones. La confusión ha sido, en muchos casos, fruto de un desorden buscado; en otros, fruto de la falta de reflexión y de la falta de perspectiva histórica, que muchas veces no se puede tener cuando los acontecimientos que se examinan son plenamente actuales. En este sentido, es digno de destacar la evolución que sobre estos asuntos ha manifestado en su Magisterio la Iglesia católica, probablemente la única institución que, partiendo de una propuesta genuina y original —la Doctrina Social de la Iglesia— ha sido capaz de evolucionar conforme a los tiempos, pero sin desvirtuar su mensaje, siempre evangélico y nunca político.

«liberalismo» y «conservadurismo». El primero, por ejemplo, mutó su sentido hace muchas décadas, de manera que la política en el mundo occidental que conocemos se transformó completamente. El liberalismo clásico nada tiene que ver con los neoliberalismos actuales que se promulgan, ni tampoco se identificaba con lo que debe entenderse como «conservadurismo» auténtico[30].

Para Alasdair MacIntyre, como decíamos antes, la *Moralidad* es un presupuesto necesario del *orden dominante*. En la relación que establece entre éste y el capitalismo, añade que es la *Moralidad* la que proporciona al capitalismo, de modo concreto y completo, una «ética del Estado» y una «ética del mercado»[31]. De tal modo, nuestro amigo filósofo concluye que es imposible desligar lo uno de lo otro, y que la construcción final es un sistema que promueve desigualdad, desempleo y en general subdesarrollo. Las virtudes del capitalismo son una ficción para MacIntyre, quien por el contrario cree que socava un modo de trabajo bien ajustado a la vida de las comunidades y un desarrollo de las verdaderas virtudes, aquellas que conducen a la vida excelente[32].

Queremos por tanto hacer tres consideraciones que nos ayuden a explicar nuestra distinta perspectiva sobre lo anterior. En primer lugar, deseamos evaluar correctamente a Alasdair MacIntyre y entender su modo de pensar. Creemos que, muy probablemente, su percepción sobre el capitalismo sea certera, especialmente si tenemos en cuenta lo que vio en su juventud cuando conoció los entresijos de la Inglaterra industrial, en una época todavía temprana del siglo XX. Si aceptamos que para cualquier persona la experiencia personal es un modo, aunque sea parcial, de conocer, tendremos

---

30. *Vid.* Scruton, R. *Conservadurismo*, Madrid: El buey mudo, 2018, pp. 117-118.
31. Madigan, A., *S. J.*, *Éticas aristotélicas contemporáneas…*, p. 75.
32. Cfr. *Ibid.*, pp. 76-77.

que respetar tal posibilidad en MacIntyre, y comprender que parte de su crítica al capitalismo es por aquello que conoció de primera mano.

En segundo lugar, queremos admitir que el sistema capitalista carece probablemente de muchas virtudes. Nada que sea fruto del pensamiento humano y de su práctica puede aspirar a una gran perfección, y por tanto el capitalismo es susceptible de provocar efectos negativos y positivos. Pero, según nuestro parecer, la unión de este sistema económico con ciertos sistemas políticos tiene mejores consecuencias que la unión del marxismo con propuestas políticas puramente colectivistas. No podemos, por tanto, obviar esta preferencia, para la que legítimamente reclamamos el mismo respeto y la misma consideración que para las que otros tengan.

En tercer lugar, consideramos que falta imparcialidad en este planteamiento. La consideración macinteriana sobre el capitalismo está basada, en realidad, en las cuestiones puramente económicas o socioeconómicas, y éstas las confronta con el marxismo. Sin embargo, echamos de menos que al referirse al marxismo lo haga únicamente en esos aspectos, y no se refiera a las otras facetas que sí relaciona con el capitalismo. Lo que queremos decir es que es correcto hablar del capitalismo y de sus consecuencias económicas y sociales si hablamos del marxismo para lo mismo. Pero, lo que no podemos admitir pacíficamente es que se explique el capitalismo en su aspecto de *orden dominante* y político y, en cambio, se excluya de esta relación al marxismo. De hecho, en la realidad política de los últimos ciento cincuenta años, el marxismo siempre ha aspirado —y lo sigue haciendo— a ser un sistema complejo y completo, esto es, al menos tan avasallador como pueda parecer o considerarse el capitalismo. El marxismo no renuncia a nada, y esto no debe perderse de vista si queremos afrontar con garantías la reflexión sobre el problema ético de la modernidad con el *orden dominante*.

Indaguemos un poco más en este asunto. Una vez que identifica capitalismo con *orden dominante*, la clave de comprensión para MacIntyre son los presupuestos económicos de Marx, que en realidad y como ya hemos señalado, son presupuestos más amplios, porque con la economía se habla de sociedad, de política, de relaciones laborales, de derechos, de obligaciones… todo ello en una perspectiva claramente ampliada de lo que, hasta el momento, habían sido las relaciones sociales entendidas en un sentido tan general como sea posible. Tal es así que MacIntyre establece un término híbrido, que llamamos *orden capitalista*, y que recoge con concreción la variedad de asuntos que se han enunciado antes, con una idea principal que es la que confronta el capital con el trabajo. Es un nuevo orden, asevera, porque a través del conflicto que crea el capital, las sociedades evolucionan hacia otros intereses y hacia actitudes antes desconocidas, o quizá inalcanzables. La prosperidad social o el cambio de estatus y de consideración pública en los entornos más cercanos a cada persona se convierten en una realidad con este *orden capitalista* que, además de novedoso, acompaña a los sistemas políticos liberales y a las instituciones burocráticas, y viceversa: todo sistema capitalista bien conformado se encuentra arropado por dichas instituciones y por dicho sistema liberal.

Decíamos antes que el marxismo de MacIntyre está matizado quizá con el paso de los años, pese a que mantiene una crítica dura al capitalismo. Sin embargo, tenemos la impresión de que lo que mueve a MacIntyre al tratar del capitalismo y del marxismo no es precisa o simplemente un reconocimiento positivo a las ideas de Marx. No hay rasgo de materialismo dialéctico en MacIntyre. En todo caso, dichas ideas quizá anuncian o ponen de relieve algunas actitudes sociales que nuestro querido filósofo rechaza, porque cree que no tienen una adecuación ética correcta. Al fin y al cabo, recordemos que estamos analizando qué conflictos existen en la modernidad con la ética, si es que existen; parece que MacIntyre tiene claro que sí. Profundicemos un poco más a través del ejemplo elegido.

Así, la plusvalía es para Marx un excedente que constituye el beneficio de lo producido en una fábrica, industria o en cualquier actividad empresarial, y que surge porque el trabajador percibe un salario inferior en relación con el valor de lo que ha producido. Esto ocurre, además, sin que el trabajador comprenda lo que está pasando: «Las relaciones de intercambio a través de las cuales los que poseen los medios de producción se apropian del trabajo no remunerado de los trabajadores productivos se disfrazan, por su forma legal, de relaciones contractuales entre los individuos libres, cada uno de los cuales busca lo que considera mejor para sí mismo. Y a medida que el capitalismo se convierte en el modo económico dominante de producción e intercambio, esta forma de pensar sobre uno mismo y sus relaciones se convierte en el modo dominante de pensamiento social y moral, tanto entre los teóricos como en la vida cotidiana»[33].

4.5. ¿Por qué lo anterior es un problema de la modernidad? ¿Por qué es un conflicto ético?

Parece, según la doctrina Marx, que hay un engaño evidente en las relaciones entre los trabajadores y los empleadores. Opinamos, en cambio, que esa perspectiva es extremadamente angosta, porque no permite observar otros elementos necesarios que conforman el panorama de las relaciones económicas modernas. Por ejemplo, la certeza de que la economía fruto de las revoluciones del siglo XVIII y XIX sólo funciona si efectivamente hay empleados y empleadores, es decir, que para que unos puedan trabajar, otros deben poner los medios que permitan dicha actividad. El

---

33. *Ibid.*, pp. 73-74.

panorama surgido con la evolución de las actividades económicas y empresariales, pasado por el torbellino de dichas revoluciones, es por tanto insoslayable si queremos realizar un análisis riguroso de este asunto. Marx sólo ve una parte del escenario, y del mismo modo que arguye que unos actores ven depreciado el valor de su actividad, él hace lo mismo con la otra cara de una moneda que es, al menos, tan importante como la otra.

También podemos ejemplificar lo anterior con la constatación de que en el capitalismo surge, crece y le acompaña lo que se viene en denominar «mercado libre», que no es sino la puesta a disposición, de modo general, de determinados bienes para el consumo y la transacción de cualquier miembro de una sociedad. Las posibles malas prácticas de esta relación de consumo no pueden oscurecer la realidad de unas sociedades que, evolucionando desde siglos atrás, han llegado a un modelo imperfecto, pero infinitamente más desarrollado y eficaz que los conocidos anteriormente; modelo que tampoco en la actualidad ha sido mejorado, menos aún por ciertas utopías.

Pero, para tratar de responder a las preguntas de este apartado, encontramos un acuerdo con MacIntyre. Porque, en su propuesta, no acoge sin crítica las objeciones marxistas al capitalismo, sino que sitúa como problema otro aspecto más mollar para las personas, cuando compara la modernidad con la Edad Media y afirma que en los siglos medievales las personas podían plantearse preguntas críticas sobre su condición y papel social, o sus relaciones humanas. Es sin duda alguna una afirmación, además de revolucionaria, extremadamente sugerente. Frente a los lugares comunes que se predican del medievo, MacIntyre plantea una realidad —también ética— de la Edad Media muy distinta a la habitualmente contemplada. La aseveración de MacIntyre no es contradictoria ni niega la realidad social de aquellos siglos, pues en efecto estos no fueron propicios para el cambio de escala social o para la prosperidad económica tal y como la entendemos hoy en día. De hecho, ciertamente, la perspectiva vital de cualquier hombre de aquellos años era estrecha, limitada por su nacimiento y constreñida por acontecimientos de los cuales no participaba pero que les sometían a tremendos vaivenes vitales frente a los cuales estaba desvalido: una guerra, una peste, la continuación de la tradición familiar el modo de ganarse la vida, etc. En suma, otro *orden dominante*.

Pero, lo que propone MacIntyre, que ya hemos calificado de revolucionario, es además extraordinario, porque amplia la visión individual que podemos tener de los hombres y mujeres del siglo XII o del siglo XII en la medida en que, aun despojados de todo lo material, conservaban una capacidad, siquiera mínima, de preguntarse por lo que les sucedía. No era un ejercicio de rebelión externa que pretendiera cambio alguno, sino un hito particular de dignidad personal. Poder preguntarse, y hacerlo personalmente, por el papel de cada cual, en la sociedad, era mucho más de lo que la gente ha podido hacer en siglos posteriores. Así, si lo que observamos como claro contrapunto a esto es la modernidad y lo que en ella ocurre, entonces parece suficientemente motivada la idea de que los aspectos sociales y económicos mediando el capitalismo o el marxismo, mediando la *Moralidad* y el *orden dominante*, constituyen en efecto un grave problema para la modernidad, y son en sí mismos fuentes de conflictos éticos.

Lo que MacIntyre dice por tanto es que en una sociedad aparentemente atrasada y sin posibilidad de promoción social, la gente mantenía vivo el espíritu de su existencia, y podía preguntarse sobre ella. Al mismo tiempo, en una sociedad aparentemente más libre y moderna, la capacidad crítica de la gente ha desaparecido. La ética se desangra cuando el fin de la existencia olvida la posibilidad de plenitud a través, exclusivamente, de la virtud. La consecuencia de esto es que la gente, en realidad, no puede ni tan siquiera soñar sobre su propia vida, pues las personas están inmersas en un mundo organizado que provee de todo, pero que no permite romper el esquema. En este punto, MacIntyre reclama con fuerza la necesidad de vivir a contracorriente; es algo imperativo.

La contemplación filosófica como idea suprema de la belleza y por tanto del bien, la *beatitudo* de santo Tomás o la idea de Aristóteles —siempre cercano y siempre difícil— de buscar la felicidad en la propia acción bien terminada y practicada, parece que no tienen cabida en la modernidad. La paciencia, la cautela, saber esperar y comprender que ante la consecución del bien anhelado siempre hay un tiempo precedente, de espera y de frustración, y otro posterior de vacío después de haber experimentado lo deseado, son actitudes perdidas para muchos en la modernidad[34]. La no aceptación de la libertad en sus propias limitaciones, incluso cuando son máximas, junto con la no aceptación de la fragilidad del deseo, promueven en nuestros tiempos y en los últimos siglos una fuerte desazón en muchas personas. De nuevo, podemos concretar lo anterior en una pregunta: ¿Por qué no debería perseguir la satisfacción de mis deseos con un egoísmo desenfrenado, recurriendo a la fuerza o al fraude siempre que fuera necesario?

5. ¿Hay alternativa?

No podemos concluir esta exposición sin preguntarnos por la posibilidad de una alternativa a los problemas planteados. No se pretende, en realidad, ni tan siquiera proponer una solución, pues tampoco MacIntyre, de quien hemos tomado algunos hilos argumentales, ha sido capaz de hacerlo. Pero sí es posible sugerir algunas ideas que ayuden a afrontar mejor la discusión de estos temas

---

34. Cfr. CRUZ ORTIZ DE LANDÁZURI, M., *La civilización del deseo...*, pp. 65-72.

cuando se planteen, de modo más teórico, de modo más práctico, en nuestras relaciones personales y sociales. Los conflictos éticos de la modernidad son probablemente irresolubles, pero nuestra aspiración debe ser, al menos, la de mitigarlos.

En primer lugar, debemos decir que la alternativa que proponemos —que propone Alasdair MacIntyre— es la del «aristotelismo tomista» para actuar contra la modernidad desde la propia modernidad[35]. El debate terminológico sobre si debe hablarse preferiblemente de un «tomismo aristotélico» o de un «aristotelismo tomista» debemos aparcarlo para otra ocasión, porque ahora lo reseñable es que ambos pensamientos, el aristotélico y el tomista, pueden actuar conjuntamente, mutuamente informados, contra la modernidad y sus problemas éticos. O lo que es lo mismo: los argumentos de Aristóteles y los argumentos de santo Tomás, bien compuestos entre sí, producen a su vez otros argumentos de la máxima solvencia con los que negar la posibilidad de actuación sin cortapisa al *expresivismo*, a la *Moralidad* y al *orden dominante*.

La idea por tanto fundamental de lo que sigue como alternativa es declarar que el aristotelismo tomista es una respuesta válida al antecedente antes planteado, esto es, al modo sobre cómo debemos pensar sobre nuestros deseos. La traducción práctica de esto contiene cuatro aseveraciones complejas.

La primera enuncia que «los agentes actúan bien sólo cuando actúan para satisfacer únicamente aquellos deseos cuyos objetos tienen buenas razones para desear»[36]. Esto quiere decir que, en nuestro modo de ser, de hacer y de desear, debiéramos interesarnos exclusivamente por aquellas dueñas verdaderamente de buenas razones para ser deseadas. El deseo, por ejemplo, de actuar para evitar un mal o para realizar un bien, justifica esto y es un aldabo-

---

35. Cfr. MADIGAN, A., S. J., *Éticas aristotélicas contemporáneas...*, p. 75.
36. *Ibid.*, p. 77.

nazo frente al *expresivismo*. Así, la motivación puede ser cualquier cosa buena para nosotros como personas, o buena para nosotros por la propia actividad que exige. En todo caso esto, ¿necesita alguna reflexión previa? No necesariamente, ni en un sentido ni en otro, y sin embargo la simple posibilidad de preguntarse de tal modo por algo ya es un triunfo frente a la modernidad[37].

En segundo lugar, es necesario precisar que «sólo los agentes que son razonadores prácticos sólidos y eficaces actúan así»[38]. Ahora bien, ¿cómo se explica esto? ¿Cuál es la característica propia de un razonador práctico sólido y eficaz? La respuesta es que así obra quien desea actuar tal y como la razón le ordena, siguiendo en primer término al bien y a lo mejor; y, en segundo término, deseando que ese anhelo de bien sea alcanzable[39]. El comportamiento descrito es relevante por diferenciador, pues es característico del ser humano en contraposición con el de los animales, que no comparten con nosotros racionalidad. La vida humana en sociedad, esto es, en la familia, en el trabajo, en la escuela o en ocio permite conocer sus bienes internos; es lo que MacIntyre llama «prácticas» y cuyo bien y plenitud se alcanza exclusivamente por la propia realización de ellas mismas, es decir, haciendo aquello para lo que están llamadas a ser. El ejemplo clásico que pone nuestro autor es el de jugar al ajedrez, que como «práctica» se completa cuando jugamos al ajedrez.

La aparente simplicidad u obviedad con la que algunos han observado la explicación anterior es sin embargo fruto de la ausencia de reflexión. Porque la iniciación en las «prácticas» permite conocer los bienes internos a ellas mismas, ponerlos en comparación con otros bienes y aprender, con la experiencia, a razonar mejor

37. Cfr. *Ibid.*, pp. 77-78.
38. *Ibid.*, p. 77.
39. Cfr. *Ibid.*, p. 78.

sobre cuál es la prioridad y la escala que permite ordenar de la mejor manera posible dichos bienes; eso hace el razonador práctico sólido y eficaz, que no se conforma con el acierto o el error, sino que aprende de ellos para integrar el conjunto en su vida, con la pretensión de que ésta sea floreciente. El desempeño continuado de este modo permite además perfeccionar el criterio y, por tanto, discernir mejor lo que debe desearse de verdad y como bien de lo que puede desearse como un mero objeto sin importancia. La capacidad de diferenciar esto permite, a su vez, la contribución a una vida floreciente común, en la medida que permite detectar elementos distorsionadores del bien común, a veces transmitidos y recibidos en la cultura y en la tradición y que, sin embargo, son elementos indispensables para conformar el *orden dominante*[40].

En tercer lugar, el aristotelismo tomista exige que tales agentes estén «dispuestos a actuar como requieren las virtudes»[41]. Esto es indisociable del enunciado anterior, porque la comprensión paulatina de lo que es bueno y mejor tiene que hacerse, necesariamente, de modo compartido, con la colaboración de unos razonadores prácticos con otros. Sólo de esa manera, mediante el contraste de las diversas experiencias puestas en común, será posible establecer alguna certeza sobre la justicia, el valor y la veracidad necesarias en las cosas que permiten que una comunidad funcione adecuadamente[42].

En cuarto lugar, el aristotelismo tomista de MacIntyre pide que los agentes estén «dirigidos en sus acciones hacia el logro de su objetivo final»[43]. Es decir, que debe haber un relato que explique el porqué de los deseos y del razonar práctico de nuestra vida

---

40. Cfr. *Ibid.*, pp. 78-79.
41. *Ibid.*, p. 77.
42. Cfr. *Ibid.*, p. 79.
43. *Ibid.*, p. 77.

y de nuestra moral. Dicho de otro modo, no es posible que no haya algo que impulse el actuar de los razonadores, es decir, de las personas. Es lo que MacIntyre llama «narrativa teleológica»[44] y lo que muchos hemos llamado o comprendido en nuestras vidas como el sentido de nuestra existencia con un matiz, al mismo tiempo, de propósito vital. Así, el razonador práctico sólido y eficaz —cualquier persona que aspire a ello— se percatará antes que después de los vaivenes equivocados de su vida y de la necesidad de establecer un rumbo. Tal dirección de vida, además, se percibirá siempre como algo que no puede aislarse del resto de personas, y que por tanto debe compartirse y armonizarse con ellas. Es, en palabras de MacIntyre, una historia personal de «dirección e integración crecientes»[45].

6. Una breve conclusión

Esta conclusión no puede ofrecer, como ya hemos dicho antes, la solución definitiva a muchos de los problemas éticos que nos afectan. Como hemos visto, nos afectan además del mismo modo que llevan afectando a miles de hombres y de mujeres durante siglos y, muy especialmente, durante la modernidad. Pero, no obstante, algo podemos a modo de final, siempre con la esperanza de una vida mejor y floreciente para todos, lograda en sus mejores posibilidades y completa.

Primeramente, es natural que la pregunta sobre si la vida que tenemos es adecuada o no a su florecimiento nos la hagamos. Lo contrario sería, más bien, antinatural. Más necesario incluso es preguntarnos sobre esto cuando la vida está en un momento de

44. *Ibid.*, p. 79.
45. *Ibid.*, p. 80.

zozobra, o incluso cerca de su final. No es una pregunta que deba causar temor, sino plena confianza. Constatar la capacidad de razonar sobre lo que en nosotros es trascendente es un magnífico ejercicio, además, de racionalidad. Por otro lado, la reflexión sobre lo que nos trasciende está llena de interrogantes difíciles, muchos de ellos insondables, la mayoría incomprensibles... y, sin embargo, nos acerca mucho a una posibilidad, la de la contemplación del Bien mayor que existe y que para muchos de nosotros constituye el *telos* que reclamamos a la metafísica. La contemplación de Dios es, por tanto, el mejor motivo de progresión que muchos podemos encontrar en nuestras vidas[46].

En segundo lugar, leamos a MacIntyre en el *postscriptum* de la segunda edición de *After Virtue*: «El lector [escribió Lewis] en busca de argumentos destructivos a favor de mis teorías se sentirá decepcionado», y ello porque las teorías filosóficas rara vez, o nunca, son refutables mediante tal tipo de argumentos. Lo que aprendemos de las objeciones formuladas contra nuestras teorías es el precio que tendremos que pagar, los compromisos filosóficos que tendremos que asumir, si queremos evitar que sean refutadas. La cuestión entonces es «qué precio merece la pena pagar» y «en esta cuestión podemos seguir discrepando». El peso que demos a cada una de nuestras opiniones prefilosóficas depende de nosotros: «Una vez que la oferta de teorías bien elaboradas está ante nosotros, la filosofía es una cuestión de opinión»[47].

En tercer lugar, finalicemos esta disertación cayendo en una nueva contradicción al ignorar lo que acabamos de leer, y emulando a MacIntyre asumamos la posibilidad de refutación sobre nuestras opiniones rebatiendo otras; en este caso, procurando decir algo sobre el *expresivismo* que nos libere, al menos en parte, de

46. Cfr. *Ibid.*, pp. 80-81.
47. *Ibid.*, p. 82.

él. Así, como quien enumera un breve decálogo, diremos que el *expresivismo* no tiene en cuenta la posibilidad de que un agente pueda desear algo precisamente porque sea bueno; que su valoración sobre las convicciones morales y los juicios propios de cada cual siempre es excesivamente general y, a menudo, difusa; que considera que los principios morales son cosas sobre las que podemos decidir siempre, olvidando que las convicciones genuinas de un hombre proceden de lugares profundos; que su pretensión de distinguir hechos de valores y juicios de hechos de juicios evaluativos —como curiosamente también hace la *Moralidad*— impide responder adecuadamente a la pregunta de cómo entender los deseos para que estos conduzcan al florecimiento humano[48].

7. Bibliografía

ARISTÓTELES, *Ética a Nicómaco*, Madrid: Centro de Estudios Constitucionales, 1981.

BELLO RODRÍGUEZ, H. J., GIMÉNEZ AMAYA, J. M., *Valoración ética de la modernidad según Alasdair MacIntyre*, Pamplona: EUNSA, 2018.

CRUZ ORTIZ DE LANDÁZURI, M., *Paisajes del pensamiento*: *hacia una ética biográfica*. Pamplona: EUNSA, 2023.

—, *La civilización del deseo: una historia filosófica de lo querido*, Madrid: Siglo XXI Editores, 2025.

GIMÉNEZ AMAYA, J. M., LOMBO, J. Á., *Antropología de la acción: la vida humana como unidad dinámica*, Pamplona: EUNSA, 2024.

GUITIÁN, G., MUÑOZ, R. *Moral social*, Pamplona: EUNSA, 2019.

---

48. Cfr. *Ibid.*, pp. 82-84.

HUIZINGA, J., *El concepto de la historia y otros ensayos*, México: Fondo de Cultura Económica, 1980.

LE GOFF, J. *¿Realmente es necesario cortar la historia en rebanadas?*, México: Fondo de Cultura Económica, 2016.

MACINTYRE, A., *Ethics in the conflicts of modernity: an essay on desire, practical reasoning, and narrative*, Cambridge: Cambridge University Press, 2016.

MADIGAN, A., S. J., *Éticas aristotélicas contemporáneas: Alasdair MacIntyre, Martha Nussbaum, Robert Spaemann*, Pamplona: EUNSA, 2025.

MARTÍNEZ MILLÁN, J., RIVERO RODRÍGUEZ, M., *Historia moderna: siglos XV al XIX*, Madrid: Alianza Editorial, 2021.

MONTOYA CAMACHO, J. M., *Ethics live*: *http://www.ethics.live*

MONTOYA CAMACHO, J. M., GIMÉNEZ AMAYA, J. M., *Encubrimiento y verdad: algunos rasgos diagnósticos de la sociedad actual*, Pamplona: EUNSA, 2025.

RIU RIU, M., *Lecciones de Historia medieval*, Barcelona: Teide, 1971.

SCRUTON, R., *Conservadurismo*, Madrid: El buey mudo, 2018.

Bibliografía general

ARISTÓTELES, *Política*, Madrid: Centro de Estudios Constitucionales, 1970.

—, *Ética a Nicómaco*, Madrid: Centro de Estudios Constitucionales, 1981.

—, *Metafísica*, Madrid: Gredos, 1994.

—, *Acerca del alma*, Madrid: Gredos, 2014.

BELLO RODRÍGUEZ, H. J., GIMÉNEZ AMAYA, J. M., «Alasdair MacIntyre: introducción narrativa a su obra», *Scientia et Fides*, 6 (2018), pp. 189–206.

—, *Valoración ética de la modernidad según Alasdair MacIntyre*, Pamplona: EUNSA, 2018.

—, «Alasdair MacIntyre», en F. Fernández Labastida y J. A. Mercado (eds.), Philosophica: Enciclopedia filosófica *on line*, 2021 (https://www.philosophica.info/voces/macintyre/MacIntyre.html).

BORRADORI, G., *Conversaciones filosóficas: el nuevo pensamiento norteamericano*, Santafé de Bogotá: Editorial Norma, 1996.

CROCKETT, C., «Q&A: Stanley Hauerwas on Alasdair MacIntyre», *Christianity Today*, June 3 2025 (*https://www.christiani-*

tytoday.com/2025/06/interview-stanley-hauerwas-on-alasdair-macintyre/).

CRUZ ORTIZ DE LANDÁZURI, M., *Paisajes del pensamiento: hacia una ética biográfica*. Pamplona: EUNSA, 2023.

—, *La civilización del deseo: una historia filosófica de lo querido*, Madrid: Siglo XXI Editores, 2025.

D'ANDREA, T. D., *Tradition, rationality, and virtue: the thought of Alasdair MacIntyre*, Abingdon: Routledge, 2017.

GALINDO CRUZ, P., *La vulnerabilidad como origen de la obligación política*, Pamplona: EUNSA, 2024.

GILLIGAN, C., *In a different voice: psychological theory and women's development*, Cambridge: Harvard University Press, 1982.

GIMÉNEZ AMAYA, J. M., *La universidad en el proyecto sapiencial de Alasdair MacIntyre*, Pamplona: EUNSA, 2020.

GIMÉNEZ AMAYA, J. M., LOMBO, J. A., «Dependencia y vulnerabilidad en la ética de Alasdair MacIntyre», en *Cuarenta años de After Virtue de Alasdair MacIntyre: relecturas iberoamericanas*, F. J. de la Torre, M. Loria y L. Nontol (eds.), Madrid: Dykinson, 2022, pp. 105–114.

—, *Antropología de la acción: la vida humana como unidad dinámica*, Pamplona: EUNSA, 2024.

GIMÉNEZ AMAYA, J. M., SÁNCHEZ-MIGALLÓN, S., *Diagnóstico de la universidad en Alasdair MacIntyre: génesis y desarrollo de un proyecto antropológico*, Pamplona: EUNSA, 2011.

GIMÉNEZ AMAYA, J. M., VILLANUEVA CRUZ, E., «Alasdair MacIntyre (1929-2025): un filósofo de la vida y de las personas», *El Debate*, 28 de mayo de 2025.

GUITIÁN, G., MUÑOZ, R., *Moral social*, Pamplona: EUNSA, 2019.

HAUERWAS, S., MACINTYRE, A. (eds.), *Revisions: changing perspectives in moral philosophy*, Notre Dame: University of Notre Dame Press, 1983.

HELD, V., *The ethics of care: personal, political, and global*, New York: Oxford University Press, 2006.

HUIZINGA, J., *El concepto de la historia y otros ensayos*, México: Fondo de Cultura Económica, 1980.

HUME, D., *A treatise of human nature*, L. A. Selby-Bigge (ed.), Oxford: Clarendon Press, 1888.

—, *An enquiry concerning the principles of morals*, Oxford: Oxford University Press, 2007.

KANT, I., *Fundamentación de la metafísica de las costumbres*, Madrid: Editorial Tecnos, 2005.

KNIGHT, K *The MacIntyre reader*, Notre Dame: University of Notre Dame Press, 1998.

LE GOFF, J., *¿Realmente es necesario cortar la historia en rebanadas?*, México: Fondo de Cultura Económica, 2016.

LOMBO, J. A., GIMÉNEZ AMAYA, J. M., *Biología y racionalidad: el carácter distintivo del cuerpo humano*, Pamplona: EUNSA, 2016.

LUTZ, C., *Tradition in the ethics of Alasdair MacInytre: relativism, thomism, and philosophy*, Lexington Books, Lanham 2004.

—, *Reading Alasdair MacIntyre's After Virtue*, London: Continuum, 2012.

MACINTYRE, A., *Tras la virtud*, Barcelona: Crítica, 1987.

—, *Whose justice? Which rationality?*, Notre Dame. Notre Dame University Press, 1988.

—, *Three rival versions of moral enquiry: encyclopedia, genealogy and tradition: being Gifford lectures delivered in the University of Edimburgh in 1988*, London: Duckworth, 1990.

—, *Justicia y racionalidad: conceptos y contextos*, Barcelona: EIUNSA, 1994.

—, «Politics, Philosophy and the Common Good», en *The MacIntyre reader*, K. Knight (ed.), Notre Dame: Notre Dame University Press, 1998.

—, *Dependent rational animals: why human beings need the virtues*, Chicago: Open Court, 1999.

—, *Animales racionales y dependientes: por qué los seres humanos necesitamos las virtudes*, Barcelona: Paidós, 2001.

—, «What is a human body», en *The tasks of philosophy: selected essays*, Cambridge: Cambridge University Press, 2006, pp. 86–103.

—, *After Virtue: a study in moral theory*, Third edition, Notre Dame: Notre Dame University Press, 2007.

—, *Marxismo y cristianismo*, Granada: Nuevo Inicio, 2007.

—, *Dios, filosofía, universidades: historia selectiva de la tradición filosófica católica*, Granada: Nuevo Inicio, 2012.

—, «On having survived the academic moral philosophy of the twentieth century», en *What happened in and to moral philosophy in the twentieth century?: philosophical essays in honor of Alasdair MacIntyre*, F. O'Rourke (ed.), Notre Dame: Notre Dame University Press, 2013, pp. 17–34.

—, *Ethics in conflict of modernity: an essay on desire, practical reasoning and narrative*, Cambridge: Cambridge University Press, 2016.

—, *Ética en los conflictos de la modernidad: sobre el deseo, el razonamiento práctico y la narrativa*, Madrid: Rialp, 2017.

—, *Against the self-images of the age: essays on ideology and philosophy* Notre Dame: University of Notre Dame Press, 2018.

—, *Tres versiones rivales de la ética: enciclopedia, genealogía y tradición*, Madrid: Rialp, 2022.

MADIGAN, A., S. J., «Catholic philosophers and present day modernity», COMIUCAP session at the American Catholic Philosophical Association, St. Louis, Missouri, Friday 28 October 2011, (*https://ethics.live/2023/04/13/textos-del-profesor-arthur-madigan-s-j-sobre-la-filosofia-practica-moderna/*).

—, «Alasdair MacIntyre: reflections on a philosophical identity, suggestions for a philosophical project», en *What happened in and to moral philosophy in the twentieth century?: philosophical essays in honor of Alasdair MacIntyre*, F. O'Rourke (ed.), University of Notre Dame Press, Notre Dame 2013, pp. 122–144.

—, *Éticas aristotélicas contemporáneas: Alasdair MacIntyre, Martha Nussbaum, Robert Spaemann*, Pamplona: EUNSA, 2025.

MARTÍNEZ MILLÁN, J., RIVERO RODRÍGUEZ, M., *Historia moderna: siglos XV al XIX*, Madrid: Alianza Editorial, 2021.

McMYLOR, P., *Alasdair MacIntyre: critic of modernity*, London & New York: Routledge, 1994.

MONTOYA CAMACHO, J. M., «Trascendentales metafísicos, teleología y vulnerabilidad: complementariedad antropológica de dos versiones de la unidad vital de los fines de la acción humana», *Conocimiento y acción*, (2025), pp. 1–23.

—, *Ethics live*: http://www.ethics.live

MONTOYA CAMACHO, J. M., GIMÉNEZ AMAYA, J.M., *Corporalidad, tecnología y deseo de salvación: apuntes para una antropología de la vulnerabilidad*, Madrid: Dykinson, 2024.

—, «La virtud de la "justa generosidad" en las relaciones sociales según Alasdair MacIntyre», en *La política del bien común en MacIntyre*, J. de la Torre, M. Loria y L. Nontol (eds.), Madrid: Dykinson, 2025, pp. 139–154.

—, *Encubrimiento y verdad: algunos rasgos diagnósticos de la sociedad actual*, Pamplona: EUNSA, 2025.

—, *Vulnerabilidad, virtud y cuidado*, Pamplona: EUNSA, 2026.

NODDINGS, N., *Caring: a relational approach to ethics and moral education*, Los Angeles: University of California Press, 2013.

RIU RIU, M., *Lecciones de Historia medieval*, Barcelona: Teide, 1971.

SCRUTON, R., *Conservadurismo*, Madrid: El buey mudo, 2018.

TOMÁS DE AQUINO, *Summa Theologiae*, Torino: Marietti, 1972.

VOORHOEVE, A., «Alasdair MacIntyre: the illusion of self-sufficiency» en VOORHOEVE, A., *Conversations on Ethics*, Oxford: Oxford University Press, 2009, pp. 111–131.

YEPES STORK, R., «Después de *Tras la virtud*: entrevista a Alasdair MacIntyre», *Atlántida*, 4 (1990), pp. 87–95 (traducción de José Luis del Barco).

Agradecimientos

Agradecemos a Francisco Santamaría la colaboración que nos ha prestado para impartir el curso sobre «Alasdair MacIntyre y la modernidad» en el Ateneo Jovellanos de Gijón, los días 10 y 11 de abril de 2025, y la presentación que hace de nuestro trabajo en este volumen.

Al Ateneo Jovellanos de Gijón le agradecemos las facilidades que nos han proporcionado tanto para la organización del curso como para la publicación de este trabajo.

Finalmente, agradecemos a la editorial EUNSA en la persona de su director Javier Balibrea su apoyo para la realización de este libro. Y a Elena Camacho y Ana Gil de Pareja toda su ayuda en la edición.